“十二五”国家科技重大专项水专项《城镇供水安全保障管理支撑体系研究》子课题——
《城镇供水安全管理重要政府保障政策研究》
城镇供水安全保障管理支撑体系研究丛书

我国城镇供水行业投融资政策研究

孙玉栋　范永茂　孟凡达　著

中国建筑工业出版社

图书在版编目（CIP）数据

我国城镇供水行业投融资政策研究 / 孙玉栋，范永茂，孟凡达著．—北京：中国建筑工业出版社，2019.5
（城镇供水安全保障管理支撑体系研究丛书）
ISBN 978-7-112-23199-7

Ⅰ.①我… Ⅱ.①孙… ②范… ③孟… Ⅲ.①城市供水—供水行业—投资政策—研究—中国 ②城市供水—供水行业—融资政策—研究—中国 Ⅳ.①F426.9 ②F832.48

中国版本图书馆CIP数据核字（2019）第011332号

责任编辑：张　明
责任校对：芦欣甜

城镇供水安全保障管理支撑体系研究丛书
我国城镇供水行业投融资政策研究
孙玉栋　范永茂　孟凡达　著
*
中国建筑工业出版社出版、发行（北京海淀三里河路9号）
各地新华书店、建筑书店经销
北京建筑工业印刷厂制版
北京建筑工业印刷厂印刷
*
开本：787×1092毫米　1/16　印张：8½　字数：211千字
2019年5月第一版　2019年5月第一次印刷
定价：48.00元
ISBN 978-7-112-23199-7
（33282）

前 言

近年来，随着我国经济持续增长、城镇化快速发展和饮用水安全保障要求的提高，使得城镇供水设施改造、建设与运行的投资需求不断增长。目前我国政府对城镇供水行业财政投入主要使用预算内资金向供水企业投资，2004 年和 2012 年国家预算内资金对水的生产与供应业的投资总额分别为 56.44 亿元和 388.5 亿元，占全部固定资产投资总额的 1.98% 和 2.049%。尽管投资总额增加了，但投资比重增长幅度并不大。其他供水资金来源包括自筹资金、国内贷款、利用外资和其他资金。其中自筹资金 2004 年和 2012 年分别是 215.7 亿元和 1422.43 亿元，占资金总数的 49% 和 66.7%。

在本书中，城镇供水被界定为具有拥挤性和需要适度付费的准公共物品，在供给方面可以由政府、私人、特定组织来承担。其中由于水的公共性、公益性以及生活必需性，政府在城镇供水行业中必须承担重要的角色。纯公共物品性质的基础设施具有非排他性和非竞争性，该类公共物品投入需要政府承担。准公共物品存在部分的排他性和竞争性，为非政府主体的介入留下了市场空间，政府可以通过财政补贴与利益分享机制的设计来进行管控。同时，城镇供水行业属于资本密集行业，投入大，投资回报期长，规模效应明显，具有外部性，传统经济理论将其归类为自然垄断行业，这就要求政府积极介入，利用相关财税政策支持行业发展，实现社会公共利益最大化。由此可见，目前仅靠各级财政的公共投入和供水企业的水价收入难以满足不断增长的投资需求，因此，我国城镇供水行业需要拓宽投融资渠道，为保障城镇供水安全提供充足的资金支出。在此，本书旨在建立与我国社会经济发展特征相适应的投融资理论框架，完善投融资机制与政策，充分运用金融工具，合理运用公共财政与税费手段，为提升城镇供水安全保障水平提供资金支持。

目　录

第一章 导 论

第一节 我国城镇供水行业的发展历程

城镇供水是一项十分特殊的公共服务，供水行业也长期被认为是天然的公共福利事业。首先，作为一项经济型较强的基础设施，① 供水的效能较大，所产生的价值也较高，但也是一项资本密集型的产业，需要大量的资金作为基础设施投资。其次，供水是一种混合产品性质的公共品，其消费的竞争性强但排他性弱，即在水资源消费网络不拥挤的情况下，多增加一个供水的消费者并不影响其他的使用者，但将某些人排除在消费之外是可行的。并且随着资源越来越稀缺，网络越来越拥挤，供水的排他性越来越明显，这也给市场机制发挥作用提供了更大空间。1992 年都柏林会议上明确提出“水是一种商品”的市场概念。第三，供水是生产和生活的必需品，具有强烈外部性，且具有不可替代性。有鉴于此，对于供水的提供，既要考虑市场的作用，采用市场的提供方式避免人们过度消费供水基础设施，也要政府加以干预，解决外部效应问题。

国际上对于供水应该采取何种提供模式已经有了理论研究。世界银行在一份世界发展报告中对私人经济和市场机制在基础设施中发挥作用的可能性做了量化分析，其中对水务的分析如表 1-1 所示，该报告对供水市场化改革提供了有益的参考。

私人部门提供供水设施的可能性　　表 1-1

子部门	竞争能力	服务特点	向用户收费补偿的可能性	公共服务责任	环境外部性	市场化指数
城市管道网络	中等	私人产品	高	很多	高	2.0
非管道系统	高	私人产品	高	中等	高	2.4
管道排污与处理	低	俱乐部产品	中等	很少	高	1.8
共管污水处理	中等	俱乐部产品	高	中等	高	2.0
现场处理	高	私人产品	高	中等	高	2.4
收集	高	私人产品	高	很少	低	2.8
净化处理	中等	公共产品	中等	很少	高	2.0

注：市场化指数是指各种设施的商品化程度：1.0 代表不适宜在市场上出售；2.0 表示基本适宜在市场上出售；3.0 表示最适宜在市场上出售。

资料来源：World Bank，1994：World Development Report 1994：Infrastructure for Development，p.115. New York：Oxford University Press.

① 孙开 . 公共支出管理 [M]. 大连：东北财经大学出版社，2009.

进入新世纪以来，我国供水行业开始走向市场化，主要发展变化包括以下几个方面：

一、经营主体从政府到企业

受传统经济理论的局限，人们通常认为对于具有明显外部性的自然垄断行业，市场难以实现有效的资源配置，而需要政府主导，因而对于城镇供水行业，各国历史上都存在不同程度、不同形式的政府主导的运作模式。我国在计划经济体制下，更是将城镇供水作为政府全权负责的一项公用事业。2002 年，建设部出台《关于加快市政公用行业市场化进程的意见》（建城 [2002]272 号），成为我国城镇供水行业市场化的开端，自此，我国城镇供水行业逐渐摆脱了政府单一运营的模式，开始向多元化的模式发展。企业也开始承接各类水务事务，在水务行业的投资过程中，企业主体则需要通过各类融资手段获取资金，企业的融资手段相对来说更为丰富，受到的限制也相对较低。

从政府到企业的经营主体转换，转换模式主要有三种：即引进外资组建新公司、股权转让模式和完全私营模式。

二、投融资主体从政府到市场

2002 年之前，我国的供水行业未进行市场化改革，供水仅仅依靠国有资本进行投融资。以建设部《关于加快市政公用行业市场化进程的意见》（建城 [2002]272 号）为标志，我国供水领域开始了多元化投融资市场化进程，为我国城镇供水行业投融资改革提供了政策环境支持。国务院和各职能部门为了促进供水行业的市场化进程，相继出台了各项政策（表 1-2），这对供水行业而言，无疑是其投融资改革的重要推动力。至此，供水行业的投融资主体也从政府主导转为市场各个主体，国有资本开始与民间资本、境外资本共同执行我国城镇供水行业的投融资活动。

关于供水行业投融资改革的中央政策性文件　　表 1-2

出台年份	政策文件名称
2002 年	建设部《关于加快市政公用行业市场化进程的意见》（建城 [2002]272 号）
2003 年	国务院《企业国有资产监督管理暂行条例》（国务院令第 378 号）
2003 年	财政部《企业国有产权转让管理暂行办法》（财政部 [2003]3 号）
2004 年	建设部《关于市政公用事业特许经营管理办法》（建设部令第 126 号）
2004 年	国务院《关于推进水价改革促进节约用水保护水资源的通知》（国办发 [2004]36 号）
2005 年	水利部《关于转让水权的若干意见》（水政法 [2005]11 号）
2006 年	国资委财政部《关于企业国有产权转让有关事项的通知》国资发产权 [2006]306 号
2010 年	《国务院关于鼓励和引导民间投资健康发展的若干意见》（国发 [2010]13 号）
2011 年	国家发改委《关于促进股权投资企业规范发展的通知》（发改办财金 [2011]2864 号）
2012 年	住房和城乡建设部《关于进一步鼓励和引导民间资本进入市政公用事业领域的实施意见》（建城 [2012]89 号）

数据来源：整理于各政府网站。

三、投融资模式从单一到多元

我国城镇供水行业发展的早期阶段是由政府主导整个行业的投融资活动，属于单一的政府投融资模式。方式主要是通过中央和地方财政预算，设立中央专项资金、发行国债、建立地方政府市政债券和地方政府城市建设投融资平台等方式，筹集资金等（目前这类投融资也常见于居民饮用水工程等大型供水项目）。供水企业通过银行贷款自筹资金。随着供水行业的市场化，投融资模式也随之不断创新，最受瞩目的投融资模式主要是PPP模式（公私合作模式），即政府部门通过采购形式与中标单位组成特殊目的公司，在签订特许合同情况下，由特殊目的公司负责融资、建设及经营。

四、行业绩效不断提高

我国城镇供水行业已经由国有垄断经营逐渐转向特许经营模式，行业绩效不断提高。《中国城市建设统计年鉴》数据显示，2000～2014年间我国城市供水总量的复合增长率为1.10%。根据《中国统计年鉴（2014）》显示，至2014年全国各城市供水总量达到约547亿立方米。另外，根据《中国经济与社会发展统计年鉴》的统计显示，从2003年到2006年中国自来水生产和供给企业亏损数量均在1000家以上。但从2010年开始，亏损企业的数量已经明显降低至200家左右，具体数据见图1-1。同时根据统计的我国自来水生产和供给企业的资产合计增长率也可以看出，自2010年以来，我国供水行业的资产增长率保持在10%以上，且保持强势增长的趋势。这说明随着市场竞争的规范和供水行业的进一步开放与规范，供水企业不断优化自身结构，经营能力整体有较大改善，资本也不断积累。

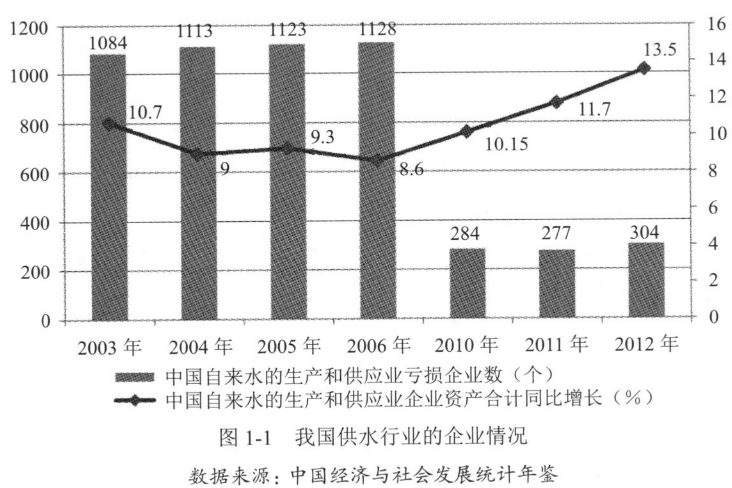

图1-1 我国供水行业的企业情况

数据来源：中国经济与社会发展统计年鉴

第二节 我国城镇供水行业发展中面临的问题

一、城镇供水业普遍存在“成本倒挂”现象

目前全国的城镇供水运营成本相对于各城镇居民用水价格普遍存在“成本倒挂”现象。从全国31个有数据的省级单位看（港、澳、台暂不考虑在内），居民生活用水的供水成本

普遍倒挂，其中倒挂差额在 0.2 元 / 吨的省份共计 12 个，倒挂差额在 0.2 ～ 0.5 元 / 吨之间的省份共计 6 个，差额在 0.5 ～ 1 元 / 吨的省份共计 8 个，差额高达 1 元 / 吨以上的省份达 5 个（表 1-3）。

城镇供水行业成本倒挂现象概况　　表 1-3

倒挂差额	省 / 自治区 / 直辖市	省级单位个数
0.2 元以下	广东、江苏、广西、福建、湖北、江西、四川、陕西、新疆、浙江、湖南、云南	12
0.2 ～ 0.5 元 / 吨	海南、青海、山西、安徽、重庆、西藏	6
0.5 ～ 1 元 / 吨	河北、宁夏、北京、上海、贵州、辽宁、内蒙古、河南	8
1 元 / 吨以上	山东、吉林、甘肃、黑龙江、天津	5

二、供水企业亏损加剧，凸显资金瓶颈

由于供水企业的价格直接由政府管控，长期处于“成本倒挂”状态，企业运营和盈利状况普遍不佳。2013 年，我国规模以上供水企业的资产负债额为 4108.36 亿元，资产负债比达 56.17%。[①] 压缩的利润空间迫使企业经营者通过加大定价成本等方式来攫取利润，由此导致企业使用非正常的加速折旧、利润向三产转移等方式故意做高定价成本。即使在合法核算的情况下，企业也是尽可能采用设计加速折旧做大成本，转移利润。

虽然我国城镇供水行业整体发展形势不断变好，尤其是市场化之后更强化了利好形势，但是难以弥合的供水资金缺口始终成为我国城镇供水行业长远持续发展的关键瓶颈，并由此导致我国大部分供水企业背负着沉重的资金压力以及被迫持续地负债经营。传统模式下的城镇供水行业由国有资本完全垄断，国有资本全面负责城镇供水领域的一切投融资活动。在城镇化水平较低的情况下，国有资本还可以勉强地维持投融资的财务平衡，从公共福利水价中满足低水平的供水需求。但随着我国的社会经济大发展，对供水的质量、数量激增了很大的刚性需求，从而使供水行业的资金缺口也越来越大。

首先随着我国不断加快的城镇化进程，城镇居民和工业用水量增加，增加了供水企业的营运和成本压力。据 2013 年中国统计年鉴数据显示，城市用水人口已达 4.1 亿，城镇用水人口的激增最终都指向供水总量的绝对数增加。其次，国家不断提高水质标准，2007 年 7 月 1 日起实施，由国家标准化管理委员会和卫生部联合发布的《生活饮用水卫生标准》（GB 5749-2006），其中的饮用水水质指标由原标准的 35 项增至 106 项。供水企业不仅考虑加大水供给量的问题，还要面临着提升水质的巨额支出。再次，我国坚持公共福利水价，水价不能弥合供水成本。我国长期保持着低水价，而且国有资本长期经营供水业务，更被决策者、民众认为理所应当，水价成本倒挂和供水企业经营亏损难以避免。第四，供水基础设施正处于更新的环节。现有的供水管网始建于 20 世纪五六十年代，依据自然的折旧周期，九十年代应该是更新的时期。但由于资金匮乏，很多地方设备更新一拖再拖，维护资金越滚越多，进一步加剧了资金压力。最后，我国政府对供水行业的投资不足。2005 年之前，国家用于水的生产与供应业的预算资金不过 50 亿元，而同期国有供水企业的负

① 数据来源：中经网宏观数据年度库。

债则高达 1172 亿元。

就我国城镇供水行业的整体经营状况而言，供水企业负债严重。据中经网宏观数据显示，我国规模以上供水企业的负债额逐年上升，从 1999 年的 534.68 亿元增长到 2013 年的 4108.36 亿元，增长了 7.7 倍。与此同时，资产负债比也整体上升。1999 年全国规模以上供水企业的资产负债比仅为 38.11%，到了 2013 年，资产负债比高达 56.17%（表 1-4）。

我国规模以上供水企业资产负债情况 表 1-4

时间（年）	资产总额（亿元）	负债总额（亿元）	资产负债比（%）
1999	1403.07	534.68	38.11
2000	1523.19	596.88	39.19
2001	1662.09	682.75	41.06
2002	1901.4	798.43	42.03
2003	2149.02	937.07	43.6
2004	2495.96	1128.78	45.22
2005	2896.75	1385.71	47.84
2006	3596.52	1814.95	50.46
2007	3849.09	1980.7	51.46
2008	4394.16	2279.61	51.88
2009	4962	2644.04	53.29
2010	5539.15	2998.25	54.13
2011	5648.83	3038.62	53.79
2012	6484.49	3615.8	55.76
2013	7313.75	4108.36	56.17

数据来源：中经网宏观数据年度库。

上述供水资金压力的因素随着我国社会经济的发展而不断强化，而且资金压力具有不可逆性，使得供水行业的持续发展难以为继。供水资金压力在处于基础设施更新周期的 1990 年代表现得异常尖锐，导致供水行业被迫进行市场化改革。时至今日，资金缺口依然成为供水行业发展的制约瓶颈。

三、城镇供水企业主业和副业的资金转移

由于大多数城市的供水企业运营成本均高于基本水价，加之一些供水企业在政府授意下举债投资，为其他城市建设项目做担保，使得绝大多数的供水企业的财务并不乐观。为了维持企业的生存，很多企业都不得不进行主副业之间的资金转移。如利用加速折旧做高成本或将部分成本通过协议的形式转移到副业公司。这种乱象不仅加大了政府监审的难度，

而且也使得供水企业资本运作效率更加低下，最终供水成本还是要由消费者承担。

四、利益由低收入者向高收入者转移

消费者所支付的水费也是供水资金的一项重要来源。长期水费偏低、资本倒挂的局面一方面阻碍了水价形成的资金来源的聚集，另一方面也在一定程度上造成了低收入者和高收入者之间利益的不公平。一般而言，高收入阶层除了基本生活用水之外，还存在大量的奢侈性水消费，其用水量往往大于中低收入阶层。如果长期保持低水价，那么也意味着政府公共资金更多地流向高收入阶层的用水补贴。在城镇供水行业“成本倒挂”的情况下，利益更多地倾向到高收入者而非低收入者。供水成本倒挂形成的资金缺口最终需要公共财政承担，因此供水成本最终需要社会整体进行补偿，低水价的维持无非是靠政府公共资金的投入。因此，低水价不是在资助中低收入者，而是事实上在资助高收入者。

五、企业缺乏实质性的经营决策权

目前企业缺乏实质性的经营决策权，投资、定价都主要由政府控制。许多供水企业，在负债经营的情况下，根据政府指示，仍然要举债超前投资，配套市政供水设施。尤其是投资巨大的市政管网，其投资、维护、更新与市政服务密切相关，其他和市政供水管网的配套在内的较大投资活动，一般也均在政府安排下进行，企业没有决策权。本书在分析城镇供水行业成本的时候将建造成本与经营成本分离，只对经营成本进行分析，便可得出城镇供水行业“成本倒挂”现象。

六、供水企业的政策性支出较为显著

供水公司和政府部门的关系比较模糊，地方政府和供水企业间的行政管理关系一方面使得供水企业背负更多的行政因素的成本，使得水价有上涨的压力。另一方面，由于政府对于供水行业的价格管控，使得成本的提升无法反映在价格当中，大部分供水企业的财务亏损只能通过主副业的相互转移、向商业银行贷款、模糊产销量、加速固定资产折旧等方式来维持供水企业的正常运转。

七、行业监管能力不足

目前我国城镇供水行业重建设而轻管理，对供水产品和服务质量的监管能力不足。传统思维认为城镇供水涉及民生、安全，因此需要政府或国有企业控制，但实践看来国有企业的供水产品质量也并不能得到有效保障，甚至并没有充足证据证明国有企业比社会资本对供水服务质量的提供更负责。对供水服务质量的保障，关键在于政府对水务产品质量和行业的监管，而这正是目前政府能力的短板和缺位的地方。

第三节　我国城镇供水行业投融资多元化的必要性与意义

一、促进城镇供水行业发展的必然选择

供水是准公共物品，其生产和提供需要政府的参与。但同时为了改变城镇供水建设管

理落后的局面，提高城镇供水效率和水资源使用率，就必须促进投资主体的多元化，改变政府单一主体的局面。此外，城镇供水领域投融资主体多元化改革和推进也可以进一步推动地方债的规范化管理。

二、帮助解决当前城镇供水投融资不足的问题

我国当前城镇供水投融资主要依赖于中央和地方政府财政预算、水专项资金、国债以及地方债。随着我国经济的发展和人口的提高，以及水资源的日益短缺，我国城镇供水面临越来越大的资金压力，迫切需要引进社会资本弥补供水融资的不足。

三、加强规范政府预算资金的管理效率

推动城镇供水投融资主体多元化的改革，理顺城镇供水投融资主体间的各种责权利关系，不仅可以解决城镇供水投融资的基金缺口，还能进一步规范地方债的管理和预算资金的使用效率。

第四节　研究现状与方向

一、相关研究现状

目前关于城镇供水投融资模式的研究偏重于实务层面。在理论研究层面，相关领域如供水成本核算、投融资模式研究以及地方债务融资方面的研究较为丰富，为本书提供了理论支撑。

（一）城镇供水运营成本相关研究

不同的学者对供水成本有不同的分类。许志云（1986）将供水成本分为固定资产原值及固定资产折旧、大修理费、运行管理费、水资源费、利息支出等五方面。谈昌莉、朱勤（1998）在其研究中包括材料和燃料费、动力费、工资及福利费、维护费、折旧费、管理费、利息支出、水资源费、水源区维护费等八项。在水务行业的实际操作中，他们根据供水行业的运行过程对供水成本进行了分类，将供水成本分为建造成本和运营成本。其中，运营成本包括制水成本、输配成本和期间费用成本。此外，有学者还提出供水的成本应当包含公众健康及维持生态系统有关的环境外部成本，以及由于受到间接影响的行业改变经济活动而引起的经济外部成本。

（二）城镇供水投融资模式相关研究

城镇供水行业涉及的投融资模式主要有BOT、BT、BTO、BOO、ROT、TOT、ABS、作业外包、委托运营、股权/产权转让、合资合作等，其中部分模式辅以案例展开研究。对于近年提出的PPP（Public-Private-Partnership）概念，有学者认为该模式是一个宏观的概念，包含了此前涉及的TOT、BOT及其变种等多项模式。

目前对于城镇供水投融资模式的研究，侧重于如何吸引民间资本，打开城镇供水的融资渠道。大部分学者都认为风险分担是投融资项目能否成功的重要因素。如将风险分担结果认为是在整个项目寿命周期中，成本、风险、完成时间和质量进行最优结合，以满足公

众需要①。传统的由公共部门单独提供公共产品与服务时，公共部门不得不承担全部风险，进而导致提供公共商品与服务的效率低下。而在PPP模式中，公共部门将没有能力承担的风险转由私人部门承担，只要私人部门更擅长承担某类风险，那么风险的转移将带来更高的效率。这也被认为是PPP模式相比较传统的由公共部门单独提供公共商品和服务模式的优势之一，即该类投融资模式下，风险发生的可能性和后果的严重性就会降低，整个项目获得资金最佳使用价值的可能性也更大②。对于风险应该分配给哪些部门，以及如何分配才能达到最高效率的研究中，目前的研究通常认为③：(1)风险应该分配给能对风险做出适当反馈并降低风险产生的影响的一方。(2)风险应该分配给最能预测风险是否发生的一方。(3)能以最低的成本承担风险产生影响的一方。对于公共部门与私人部门各自风险分担的原则，目前的文献研究的观点基本一致。如《关于推广运用政府和社会资本合作模式有关问题的通知》(财金[2014]76号)，指出："按照'风险由最适宜的一方来承担'的原则，合理分配项目风险，项目设计、建设、财务、运营维护等商业风险原则上由社会资本承担，政策、法律和最低需求风险等由政府承担。"尽管风险分担的基本原则被广泛认可，但对于具体风险如何分担，即分担的适用性，很多学者也提出质疑。刘新平、王守清(2006)认为因为公共部门要对最后的结果负责，而私人部门的责任已经被合同条款严格地设定了，所以这些未在合同中界定的风险只能由政府承担。

对于政府涉及的投融资项目风险识别方面的研究，目前主要分为三类。第一类：通过对于项目的经验判断，认定某些领域环节容易出现风险。如陈秋霞(1996)认为项目风险主要由融资风险、建设风险、运营风险、需求风险、通胀及汇率风险、政治风险。第二类：通过层次分析法(AHP)，借助专家经验筛选出一些风险指标。如李百胜等(2002)认为在水电项目中的风险主要有政治风险、经济风险、法律风险、环境和移民风险、经营管理风险。第三类：在侧重如融资、法律、运营的研究中，通过案例实证的方式介绍PPP项目的某个风险。如冯燕(2007)在针对PPP模式的融资风险研究中认为风险因素包括不可抗力风险、国别风险、特定项目风险。

(三)地方债务融资的相关研究

从国际经验看，地方债务融资是城镇供水基建资金来源的有效渠道之一。我国对于地方债的认识与实践是一个发展的过程，1994年制订的预算法禁止地方政府发债，因此地方债务通常以地方融资平台债务的形式体现。从国际地方政府举债经验看，美国形成了严格的预算体系和发达的地方政府发债模式，日本形成了协议审批制度，波兰有农村市政券模式，英国伦敦有小额贷款形式，澳大利亚有地方政府基础设施基金资产抵押等不同的形式。

中国地方政府融资平台负债问题从根本上看是地方政府在巨大财政压力下的变相举债创新行为，因此用传统的国外理论或实践来分析或论证我国地方政府融资平台是不尽合理的。从国内学者近几年的研究看来，已然形成了一些从不同角度关注地方政府融资平台运作的研究成果。关于地方政府融资平台的内涵，结合国内学者的研究可以总结为：由地方

① Darrin Grimsey & Mervyn K. Lewis.Public Private Partnerships: The Worldwide Revolution in Infrastructure Provision and Project Finance[M]Edward Elgar Publishing，2004.

② 陈峥．公私部门合作中的风险分配：理想、现实与启示[J].公共行政评论，2010.

③ Timothy Irwin.Government Guarantees: Allocating and Valuing Risk in Privately Financed Infrastructure Projects[M]. World Bank Publications，2007.

政府及其相关部门机构牵头，并注入一定的资金、土地、股权等资产成立的，具有独立企业法人资格，主要从事城市基础设施建设及相关公益性产业管理运营的综合性投融资及资产管理公司，必要由地方财政提供变相还款担保（苏晓鹏、王兵、冯文丽，2009；黄全祥，2009；贾银萍，2009）。巴曙松（2009）进一步对融资公司的类型及资金投向做了研究，认为市政建设开发投资公司、城市资产经营公司等是比较常见的融资平台公司形式，这些公司融资后，资金一般会被重点投入到市政基础建设等公益性项目中。

学者还对地方政府构建融资平台以及融资平台得到迅猛发展的动因展开研究，普遍认为这一现象与我国分税制改革后的中央与地方财力与事权不统一相关。平新乔等（2006）认为，1994 年的分税制改革从根本上改变了我国的财政收入分配体系，削弱了地方政府财政收入，但支出责任之间的划分却不平衡。蔡国华等（2007）指出，我国的地方政府既要履行相当的事权，又要大力推动地方经济的发展，随着经济与社会发展的刚性需求，地方政府支出增长较快，地方财政出现收支缺口。在巨大的融资需求下，为实现有效融资，地方政府和当地的银行金融机构共同设计了由地方政府提供财政担保，成立融资平台公司打包贷款这一形式。再者，具有中国特色的地方官员升迁政绩考核，也是地方政府积极构建融资平台的一大动因。周飞舟（2009）指出，我国的地方政府官员升迁普遍存在一种“政治锦标赛”的考核，地方官员必须在短期内做出令人瞩目的成绩才有可能得到进一步的升迁。这就需要突破现有的预算限制，获得足够的资源来实现其政绩。在这一过程中，借债已经成为一种普遍的突破已有预算的最佳策略，而通过成立地方政府融资平台向银行等机构借债，更是一种有效的途径。结合城镇供水行业，地方债务资金是否应当用于供水行业，以及资金具体用途，本书将结合既往研究继续研讨。

二、本书框架结构

本书以兼顾公益性和经济性为原则，分析和评估我国城镇现有水价体系下，供水行业投融资政策的现状，提出建立保障城镇供水安全的投融资政策建议，并在借鉴城镇供水行业投融资监管运行的国际经验的基础上，提出了构建和完善我国城镇供水行业监管机制的意见建议。本书主要分为八章。

第一章是导论，主要介绍了本书研究的背景、目的及意义，阐述了本书的研究思路，简单介绍本书采用的研究方法，梳理城镇供水投融资存在的各方面问题。第二章阐述了我国城镇供水行业及其投融资的现状。第三章是主要的经验借鉴。第四章对供水企业的资金缺口做了测算和分析。第五章主要是对于两个案例重庆水务集团、深圳水务集团的研究。第六章分别对国有供水企业、上市公司和国际水务资本的投融资情况进行了分析，并介绍了城镇供水综合绩效、投融资模式评估等技术，进而提出城镇供水投融资辅助决策平台。第七章从明确改革目标原则、提高财政资金投入水平、加大金融政策扶持力度、健全税费政策支持体系、拓宽投融资渠道等几个方面对完善我国城镇供水行业投融资体系提出了政策建议。第八章为城镇供水行业投融资的市场监管分析，重点是在借鉴国内外经验的基础上，如何构建和完善我国城镇供水行业的监管机制。

本书的创新点在于：在城镇供水投融资主体多元化的背景下，以我国现有政府融资和市场融资模式和政策为前提，以我国近期和远期供水系统建设与运营投融资需求为基础，研究建立政府主导与市场机制相结合的适应我国社会经济发展特征的投融资模式、运营机制和政府监管体制，并最终提出了一套具有战略性、操作性和指导性的供水投融资制度和政策体系建议。本书对我国城市供水行业投融资政策提出了相应的改进意见，但由于研究者能力的局限和相关数据的获取存在较大困难，使用的资料定性研究较多，数据分析还不够，没有较好地做到定性与定量的有机结合。此外，本书也没有就相关政策建议的未来运行效果和隐患进行预估，这些都需要在今后的研究中进一步延伸和拓展。

第二章　我国城镇供水行业投融资现状

第一节　我国城镇供水行业资金来源

一、城镇供水行业不同层级部门投资概况分析

我国的城镇供水行业固定资产投资有着不同的隶属关系，所占比重也不相同。具体项目隶属的分布比例情况如表 2-1、表 2-2 所示。

城镇供水行业固定资产投资隶属关系情况（单位：万元）　　表 2-1

年份	合计	中央项目	地方项目	地方项目			
				省属	地市属	县属	其他
2003 年	1980861	11468	1969393	145016	955143	782115	87119
2004 年	2628539	13910	2614629	222349	1223751	1009319	159210
2005 年	2862139	22626	2839513	292148	1087908	1180569	278888
2006 年	3383987	98583	3285404	301045	1215891	1302416	466052
2007 年	4332194	71495	4260699	475574	1473502	1603191	708432
2008 年	5445051	22101	5422950	787607	1585448	2020131	1029764
2009 年	8468805	87311	8381494	911657	2624503	3290244	1555090
2010 年	8447538	68920	8378618	649008	2239974	3537826	1951810
2011 年	9722206	90319	9631887	493863	2177868	4128036	2832120
2012 年	10430244	110359	10319885	538540	2148573	4548370	3084402

资料来源：固定资产投资统计年鉴。

城镇供水行业固定资产投资隶属关系占比情况　　表 2-2

行业	中央项目	地方项目	地方项目			
			省属	地市属	县属	其他
2003 年	0.58%	99.42%	7.32%	48.22%	39.48%	4.40%
2004 年	0.53%	99.47%	8.46%	46.56%	38.40%	6.06%
2005 年	0.79%	99.21%	10.21%	38.01%	41.25%	9.74%
2006 年	2.91%	97.09%	8.90%	35.93%	38.49%	13.77%

续表

行业	中央项目	地方项目	地方项目			
			省属	地市属	县属	其他
2007 年	1.65%	98.35%	10.98%	34.01%	37.01%	16.35%
2008 年	0.41%	99.59%	14.46%	29.12%	37.10%	18.91%
2009 年	1.03%	98.97%	10.76%	30.99%	38.85%	18.36%
2010 年	0.82%	99.18%	7.68%	26.52%	41.88%	23.11%
2011 年	0.93%	99.07%	5.08%	22.40%	42.46%	29.13%
2012 年	1.06%	98.94%	5.16%	20.60%	43.61%	29.57%

资料来源：固定资产投资统计年鉴。

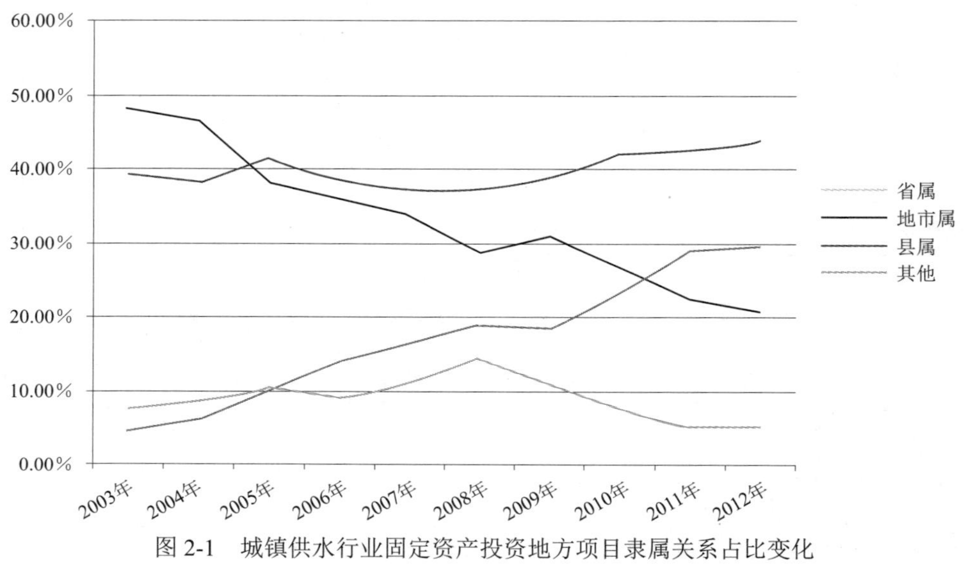

图 2-1 城镇供水行业固定资产投资地方项目隶属关系占比变化

资料来源：固定资产投资统计年鉴

从城镇供水行业固定资产投资的隶属关系看，中央项目除 2006 年占比 2.91%、2007 年占比 1.65% 以外，仅在全国固定资产投资的 1% 左右。从数据看，大部分年份地方项目占比达 99%。从地方项目占比的具体情况看，省属项目占比略有波动，其中 2003 年～ 2008 年总体呈现上升趋势，2008 年达到峰值 14.46%，2007 年～ 2009 年间占比达到 10% 以上，2008 年后则呈下降趋势，2012 年降至 5.16%；地市属项目在 2003 年～ 2012 年间总体呈现下降趋势，2003 年占比 48.22%，而 2012 年占比降为 20.6%；相比地市属项目，县属项目占比则较为稳定，2003 年～ 2012 年间占比稳定在 37% ～ 44% 之间，其中 2007 年后呈缓慢上升趋势，从 2007 年的 37.01% 到 2012 年的 43.61%；其他项目在考察的十年间呈显著上升趋势，2003 年其他项目占比仅为 4.4%，2006 年占比超过省属项目，2011 年超过地市属项目，至 2012 年其他项目占比达 29.57%。

二、城镇供水行业固定资产投资构成分析

固定资产投资按构成分是按其工作内容和实现方式来划分的，主要分为建筑安装工程、设备工具器具购置和其他费用三个部分。

城镇供水行业固定资产投资构成情况（单位：万元）　　表 2-3

年份	投资额	建筑安装工程	设备工器具购置	其他费用
2003 年	1980861	1473443	305305	202113
2004 年	2628539	1965061	404122	259356
2005 年	2862139	2172868	422343	266928
2006 年	3383987	2563289	568627	252071
2007 年	4332194	3147077	819609	365508
2009 年	8468805	6298444	1338951	831410
2010 年	8447538	6178688	1465163	803687
2011 年	9722206	7242437	1573671	906098
2012 年	10430244	7799813	1737905	892526

资料来源：固定资产投资统计年鉴。

城镇供水行业固定资产投资构成占比情况　　表 2-4

年份	建筑安装工程	设备工器具购置	其他费用
2003 年	74.38%	15.41%	10.20%
2004 年	74.76%	15.37%	9.87%
2005 年	75.92%	14.76%	9.33%
2006 年	75.75%	16.80%	7.45%
2007 年	72.64%	18.92%	8.44%
2009 年	74.37%	15.81%	9.82%
2010 年	73.14%	17.34%	9.51%
2011 年	74.49%	16.19%	9.32%
2012 年	74.78%	16.66%	8.56%

资料来源：固定资产投资统计年鉴。

从城镇供水行业固定资产投资的构成占比情况看，建筑安装工程、设备工器具购置以及其他费用的占比相对较为稳定，其中建安工程占比稳定在 75% 左右，设备工器具占比稳定在 15% 左右，而其他费用通常年份里控制在 10% 以下，各年份构成占比虽有不同程度波动，但占比相对稳定。

三、城镇供水行业固定资产投资建设性质分类分析

建设项目的性质一般分为新建、改建、扩建、单纯建造生活设施、迁建、恢复、单纯购置等。

城镇供水行业固定资产投资按建设性质分类（单位：万元） 表 2-5

年份	新建	扩建	改建和技术改造	单纯建造生活设施	迁建	恢复	单纯购置
2003 年	944421	709490	308968	5920	4578	151	7333
2004 年	1290279	845245	434106	12136	15192	1726	29855
2005 年	1411351	833897	572903	20144	7987	6212	9645
2006 年	1648842	925921	721885	44065	9256	941	33077
2007 年	2263379	1165568	826378	24400	10574	14586	27309
2008 年	2857748	1431654	1032508	50227	12410	32664	27840
2009 年	4357646	2221290	1703122	73404	8224	25331	79788
2010 年	4519578	1989930	1718392	64164	40004	50758	64712
2011 年	5054130	2246448	2104916	153884	27396	100102	35330
2012 年	5675474	2161705	2430506	81768	44644	21816	14331

资料来源：固定资产投资统计年鉴。

城镇供水行业固定资产投资按建设性质分类占比情况 表 2-6

年份	新建	扩建	改建和技术改造	单纯建造生活设施	迁建	恢复	单纯购置
2003 年	47.68%	35.82%	15.60%	0.30%	0.23%	0.01%	0.37%
2004 年	49.09%	32.16%	16.52%	0.46%	0.58%	0.07%	1.14%
2005 年	49.31%	29.14%	20.02%	0.70%	0.28%	0.22%	0.34%
2006 年	48.72%	27.36%	21.33%	1.30%	0.27%	0.03%	0.98%
2007 年	52.25%	26.90%	19.08%	0.56%	0.24%	0.34%	0.63%
2008 年	52.48%	26.29%	18.96%	0.92%	0.23%	0.60%	0.51%
2009 年	51.46%	26.23%	20.11%	0.87%	0.10%	0.30%	0.94%
2010 年	53.50%	23.56%	20.34%	0.76%	0.47%	0.60%	0.77%
2011 年	51.99%	23.11%	21.65%	1.58%	0.28%	1.03%	0.36%
2012 年	54.41%	20.73%	23.30%	0.78%	0.43%	0.21%	0.14%

资料来源：固定资产投资统计年鉴。

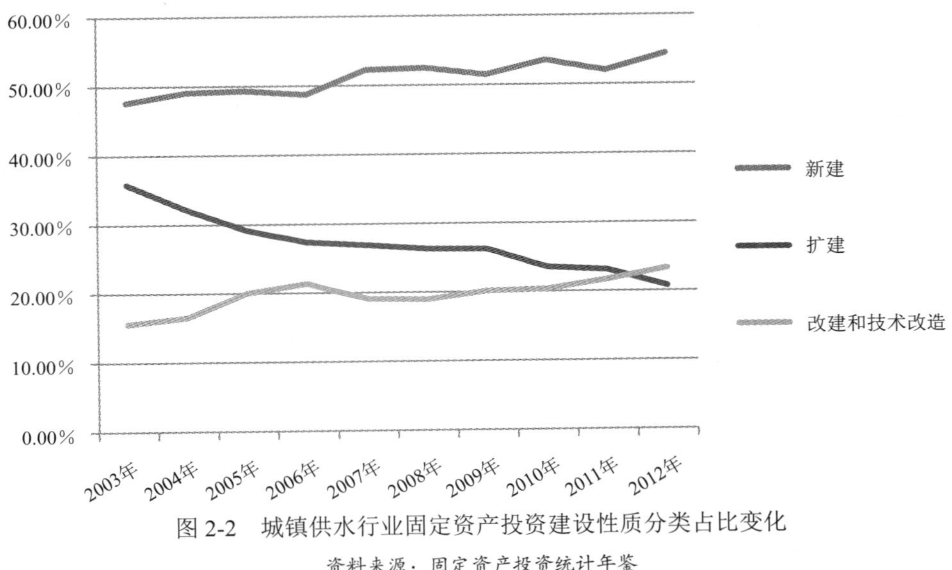

图 2-2　城镇供水行业固定资产投资建设性质分类占比变化

资料来源：固定资产投资统计年鉴

从城镇供水行业固定资产投资建设性质看，新建、扩建、改建和技术改造占比较大，而单纯建造生活设施、迁建、恢复、单纯购置等占比份额较小。从变化趋势上看，2003年～2012年间新建、改建的占比份额总体呈上升趋势，扩建的占比份额呈下降趋势。2003年新建占比47.68%，2012年占比54.41%；2003年改建占比15.6%，2012年占比23.3%；而扩建的下降趋势则较为明显，2003年扩建占比35.82%，至2012年占比降为20.73%。

第二节　城镇供水行业的融资渠道

一、城镇供水行业资金来源渠道分析

根据固定资产投资的资金来源不同，供水行业的融资渠道分为国家预算资金、国内贷款、利用外资、自筹资金和其他资金。

水的生产和供应固定资产投资实际到位资金来源（单位：万元）　　表 2-7

年份	本年实际到位资金小计	国家预算资金	国内贷款	债券	利用外资	外商直接投资	自筹资金	企事业单位自有资金	其他资金
2003 年	3215892	556430	831029	28344	195121	84004	1414865	1000417	190103
2004 年	4344104	564357	1114574	52458	248260	64587	2157014	1573296	207441
2005 年	5137581	592396	1024854	121376	219521	76890	2864293	2018854	315141
2006 年	6629697	627810	1321770	29651	263663	49914	3910615	2247643	476188
2007 年	8476521	943410	1721545	21102	312044	99921	4924334	2360921	554086

续表

年份	本年实际到位资金小计	国家预算资金	国内贷款	债券	利用外资		自筹资金		其他资金
						外商直接投资		企事业单位自有资金	
2008 年	10532237	1327886	2032012	20467	253017	87806	6244962	2762222	653893
2009 年	18371378	2978229	3344793	225935	208652	52913	10470045	3609898	1143724
2010 年	17248315	2459562	2478995	48023	185627	54014	10892602	2613268	1183506
2011 年	18162337	2708313	2139746	29514	130802	21559	11942634	3418521	1211328
2012 年	21341441	3885074	1901736	33734	143836	26533	14224316	4210779	1152745

资料来源：固定资产投资统计年鉴。

自来水的生产和供应固定资产投资实际到位资金来源（单位：万元）　　表 2-8

年份	本年实际到位资金小计	国家预算资金	国内贷款	债券	利用外资		自筹资金		其他资金
						外商直接投资		企事业单位自有资金	
2003 年	1894453	242714	450293	11163	99579	36560	968744	—	121960
2004 年	2566362	309248	592963	23310	88690	20811	1423434	—	128717
2005 年	2789452	307987	525675	13926	64673	44828	1683614	—	193577
2006 年	3503063	328053	654908	15193	94181	25611	2140259	1403691	270469
2007 年	4391651	477959	855570	3937	79200	39762	2684498	1473177	290487
2008 年	5393704	710860	1133997	4418	81089	34123	3167845	1423554	295495
2009 年	8527127	1240032	1789260	193072	42467	4204	4740340	1738679	521956
2010 年	8341806	1239119	1352260	35294	38126	15238	5012325	1263469	664682
2011 年	9536570	1529672	1216576	16241	84815	6315	6020986	1676254	668280
2012 年	10514597	2011186	879411	26608	66631	3100	6802168	1965707	728593

资料来源：固定资产投资统计年鉴。

从 2012 年城镇供水行业的固定资产投资来源来看，2012 年实际到位资金总量达 1051.46 亿元。其中国家预算资金达 201.12 亿元，占比 19.13%；国内贷款总量 87.94 亿元，占比 8.36%；债券总量 2.66 亿元，占比 0.25%；利用外资总量 6.66 亿元，占比 0.63%，其中外商直接投资 3100 万元，占利用外资总量的 4.65%；自筹资金总量达 680.22 亿元，占比 64.69%，其中企事业单位自筹资金达 196.57 亿元，占全部资金来源的 18.7%，占自筹资金的 28.90%；其他资金总量 72.86 亿元，占比 6.93%。

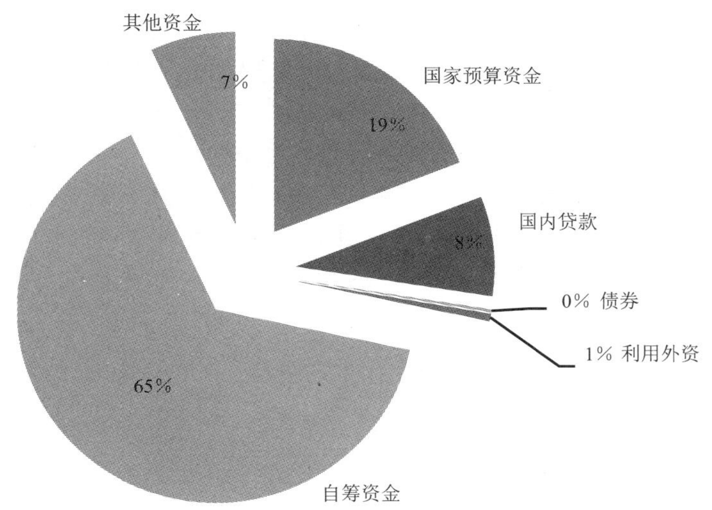

图 2-3　2012 年城镇供水固定资产投资资金来源

资料来源：固定资产投资统计年鉴

城镇供水行业固定资产投资资金来源占比情况　　表 2-9

年份	国家预算资金	国内贷款	债券	利用外资		自筹资金		其他资金
					外商直接投资		企事业单位自有资金	
2003 年	12.81%	23.77%	0.59%	5.26%	1.93%	51.14%	—	6.44%
2004 年	12.05%	23.11%	0.91%	3.46%	0.81%	55.47%	—	5.02%
2005 年	11.04%	18.85%	0.50%	2.32%	1.61%	60.36%	—	6.94%
2006 年	9.36%	18.70%	0.43%	2.69%	0.73%	61.10%	40.07%	7.72%
2007 年	10.88%	19.48%	0.09%	1.80%	0.91%	61.13%	33.54%	6.61%
2008 年	13.18%	21.02%	0.08%	1.50%	0.63%	58.73%	26.39%	5.48%
2009 年	14.54%	20.98%	2.26%	0.50%	0.05%	55.59%	20.39%	6.12%
2010 年	14.85%	16.21%	0.42%	0.46%	0.18%	60.09%	15.15%	7.97%
2011 年	16.04%	12.76%	0.17%	0.89%	0.07%	63.14%	17.58%	7.01%
2012 年	19.13%	8.36%	0.25%	0.63%	0.03%	64.69%	18.70%	6.93%

资料来源：固定资产投资统计年鉴。

从城镇供水行业固定资产投资资金来源变化趋势看，2003 ～ 2012 年间城镇供水行业固定资产投资年复合增长率 20.98%；其中，国家预算资金的占比趋势先降后升，平均占比 14.61%。在 2003 ～ 2006 年间呈下降趋势，从 2003 年的 12.81% 降为 2006 年的 9.36%，而 2007-2012 年间则呈现不断上升趋势，2007 年预算资金占比 10.88%，而 2012 年占比最终达到 19.13%。国内贷款资金占比先平稳后下降，平均占比 16.45%。国内贷款在 2003 ～ 2009

年间占比稳定，略有波动，2003 年占比 23.77%，2005 年至 2007 年间占比降至 19% 上下，2008 年占比重新达到 20% 以上，但随后国内贷款占比呈逐渐下降趋势，2012 年占比仅为 8.36%。债券的占比波动较大，平均占比 0.6%。其占比普遍低于 1%，但 2009 年占比明显异于常年，达到 2.26%。利用外资的占比总体呈下降趋势，平均占比 1.29%。2003 年占比 5.26%，而 2012 年仅占比 0.63%。自筹资金的占比大，且呈明显上升趋势，平均占比 60.29%。2009 年后呈现持续上升趋势，2012 年占比达到 64.69%，但随着自筹资金总量占比提升的同时，企事业单位自筹资金却呈下降趋势，从 2006 年的 40.07% 降至 2012 年的 18.7%。其他资金的占比变化趋势较为稳定，在 6% ～ 8%，平均占比 6.76%。

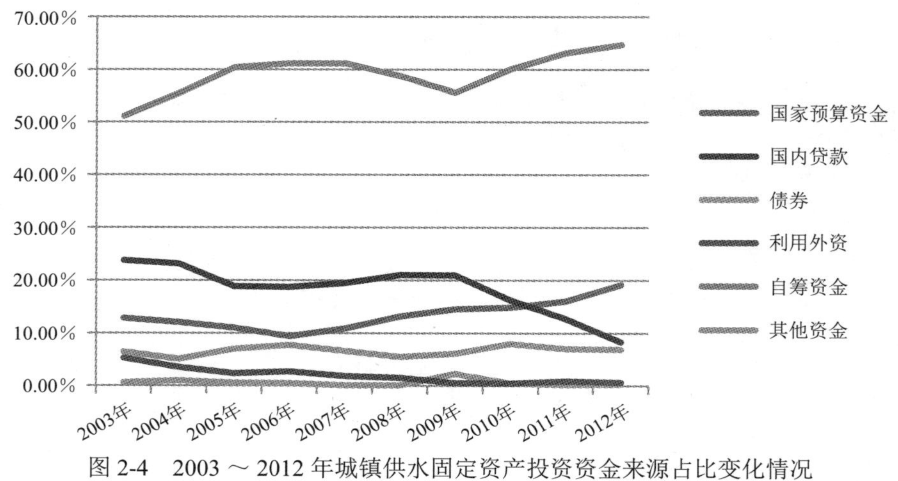

图 2-4　2003 ～ 2012 年城镇供水固定资产投资资金来源占比变化情况

资料来源：固定资产投资统计年鉴

二、国家预算资金分析

我国城镇供水行业财政支出隶属于城市维护建设（财政资金）支出项目①。根据年鉴数据显示，从绝对数上来看我国城市维护建设资金收入基本呈现连年增长态势，从 1980 年的 276174 万元增长到 2011 年的 117817189 万元，平均年增长率为 22.4%，除了 1983 年和 1989 年略有回落，2006 年因统计口径发生变化而略有回落外，其余年份均为上升态势。城镇供水支出虽然也呈现增长态势，从 1978 年的 4.7 亿元增长到 2011 年的 431.8 亿元，平均年增长率为 15.2%，但是其回落的年份存在 7 次，分别为 1979 年、1981 年、1983 年、1989 年、1999 年、2000 年和 2006 年（统计口径发生变化导致）。

再看供水支出占城市维护建设资金的比例，自 1980 年到 2010 年以来，呈现波动的状态，特别是从 1996 年以后基本呈现出下滑的态势，一直到 2010 年的 2.23%。另外，统计显示城市维护建设支出中，自 2006 年起园林绿化项目的支出超过了城镇供水支出；2004 年起市容环境卫生支出超过了城镇供水支出。由此可见政府部门忽视了难以被外界直观看得见和感受到的供水支出，而是偏向于更能直观看得见、感受得到的如“园林绿化”和“市

① 城市维护建设（财政资金）支出来源于城市维护建设资金，城市维护建设资金指用于城市维护和建设的财政性资金，其收入主要包括城市建设税、城镇公用事业附加、中央和地方财政拨款、土地出让转让收入、国家和省规定收取的用于城市维护建设的行政事业性收费及其他收入，支出包括城市维护建设资金用于市政公用设施各行业的建设和维护资金。

容环境卫生”等的支出。从整个城市建设维护资金总额和比例来看，供水支出总额逐年增大，但占比逐年缩小。

城市供水支出占城市建设维护资金情况（单位：万元）　　表 2-10

年份	城市维护建设资金	供水支出	园林绿化	市容环境卫生	供水支出 / 城市维护建设资金
1978 年	—	38439	13904	—	—
1979 年	—	49317	19337	26541	—
1980 年	276174	45258	24708	26093	16.39%
1981 年	345600	32932	23311	31751	9.53%
1982 年	425957	50238	30304	41112	11.79%
1983 年	408524	51642	35445	44873	12.64%
1984 年	468835	61886	44421	52459	13.20%
1985 年	1168293	102424	85831	76250	8.77%
1986 年	1448311	139303	93234	107719	9.62%
1987 年	1638197	50997	98347	109356	3.11%
1988 年	1845193	78875	61143	89510	4.27%
1989 年	1835625	99822	66320	94189	5.44%
1990 年	2104896	108132	73356	114880	5.14%
1991 年	2661198	265064	186574	206776	9.96%
1992 年	3934788	453996	245334	283664	11.54%
1993 年	5811904	613695	311418	363825	10.56%
1994 年	6748008	753151	402105	440382	11.16%
1995 年	7743732	839579	523299	575786	10.84%
1996 年	8476420	991630	532873	616247	11.70%
1997 年	11103424	915220	675787	736913	8.24%
1998 年	14333158	1250356	1035178	990036	8.72%
1999 年	16271209	1175347	1315396	953377	7.22%
2000 年	19889324	1232155	1779059	1526633	6.20%
2001 年	25262680	1530995	1776331	932631	6.06%
2002 年	31561758	1578903	918210	2628912	5.00%
2003 年	42761892	1769459	3348090	1665167	4.14%
2004 年	52575966	2013230	953154	3619398	3.83%

续表

年份	城市维护建设资金	供水支出	园林绿化	市容环境卫生	供水支出 / 城市维护建设资金
2005 年	54225147	2140834	908127	4224763	3.95%
2006 年	35406259	791690	2967691	1746169	2.24%
2007 年	47617452	981690	3611468	2100669	2.06%
2008 年	56164219	1074319	4086639	2579521	1.91%
2009 年	67276878	1175896	4979200	2716274	1.75%
2010 年	78534082	1751365	6908970	3666153	2.23%

数据来源：中华人民共和国住房和城乡建设部.中国城市建设统计年鉴2011[Z].北京：中国计划出版社，2012.

三、国内贷款分析

国内贷款是城镇供水行业的重要资金来源，是城镇供水行业投融资的重要组成部分，图 2-5 显示了从 2003 ～ 2012 年城镇供水固定投资中国内贷款的变化情况。

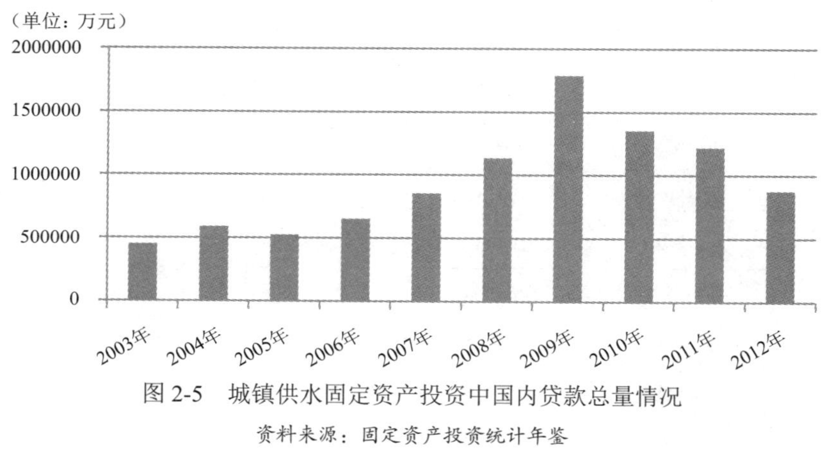

图 2-5　城镇供水固定资产投资中国内贷款总量情况

资料来源：固定资产投资统计年鉴

从图中可以看出，虽然国内贷款在 2009 年后占比持续下降，但从国内贷款的总量分析，2003 ～ 2008 年间总体上呈上升态势，2009 年的贷款总量出现了大幅增长，此后总量虽然逐年下降，但均高于 2007 年的贷款水平。2009 年贷款量的激增与国家刺激经济的“四万亿”计划有关，而这种大规模的经济刺激计划是不可持续的，因此随后总量的下降是可以预见的。由此可见国内贷款占比的下降除了受到贷款总量的影响外，也与自筹资金总量大幅增长、资金来源结构变化有关。

四、外来资金情况

（一）外资进入我国城镇供水行业的发展历程

各地方政府在供水领域尝试引入外资最早可以上溯到 20 世纪 80 年代末。20 世纪 90 年代中期，由于中央政府禁止了城市政府参与担保等直接融资行为，外资开始以合作经营并且保证固定回报的形式投资城市水厂项目。20 世纪 90 年代后期，在基础设施投资领域，涌现了大量 BOT（建设一运营一移交）项目，与之前的政策相比，BOT 方式触及了一定期限内的有限产权。这一时期由于“固定投资回报率”的条款，投资水厂缺乏利润风险的制约。2001 年以后，以上海、重庆、深圳水务企业股权转让为标志，进入水务市场开放和公用事业特许经营的改革阶段。在该阶段，中央废止了此前的“固定回报模式”。这一规则变化，使得早期进入中国市场的国际水务公司中，除了少数如威立雅和中法水务等，大部分选择收缩业务或完全退出中国市场。

（二）利用外资的结构发生变化，外商直接投资额呈下行趋势

从利用外资的各年度总量看，规模总体存在波动，但基本维持在 6 亿～ 10 亿间，且外资的占比呈逐年下降趋势。2009 ～ 2010 年的外资利用规模明显低于常年水平，是受到世界金融危机的影响。但从外商直接投资的数据看，在 2009 年直接投资总量下降显著，且随后基本维持这一低水平。

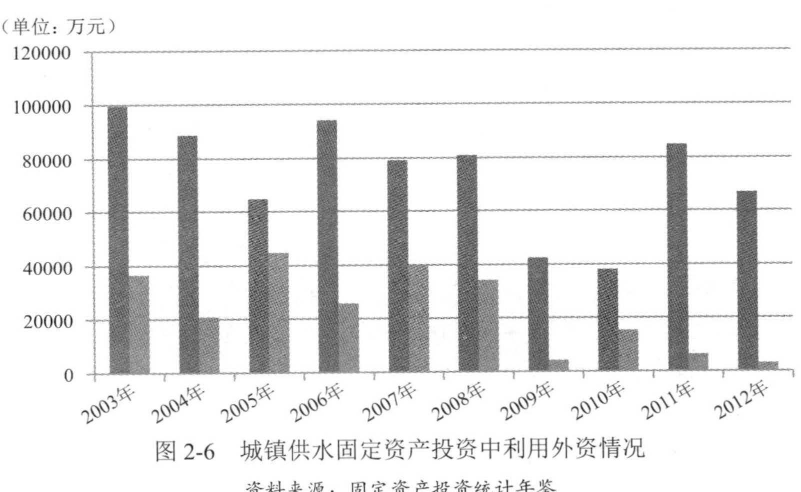

图 2-6　城镇供水固定资产投资中利用外资情况

资料来源：固定资产投资统计年鉴

五、自筹资金情况分析

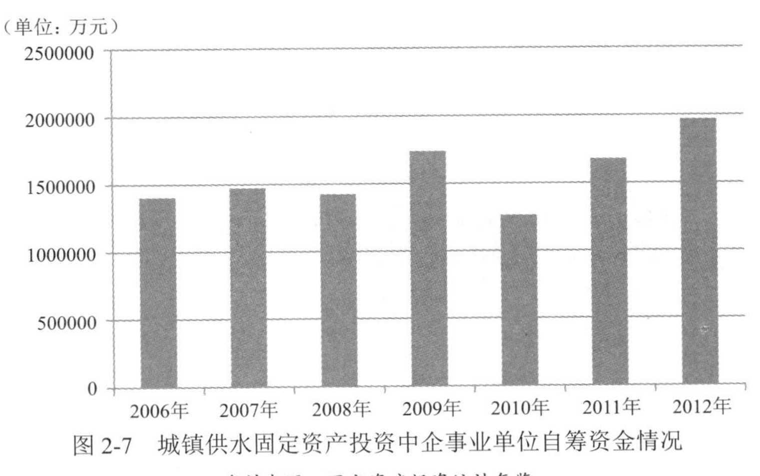

图 2-7　城镇供水固定资产投资中企事业单位自筹资金情况

资料来源：固定资产投资统计年鉴

从图 2-7 可以看出，自筹资金在 2009 年后占比持续上升，但内部资金来源结构发生变化。从企事业单位自有资金的规模看，虽然占比不断下降，但总量始终保持在 150 亿水平上下，且 2010 年后呈现持续上升态势，2012 年总量接近 200 亿规模。自筹资金包括中央各部门自筹、省自筹资金、地市自筹资金、县自筹资金以及企事业单位自有资金，而地方财政自筹资金包括财政预算外资金、上年财政结余、财政预备费等地方机构财力。各主管部门自筹资金主要是预算外资金，这部分属于原预算外资金范畴，信息透明度差，但仍可见自筹资金占比的变化与政府的经济刺激行为息息相关。

（一）股票债券

作为上市公司，在上市之初可以通过首次公开募股（IPO）的方式筹集资金，之后可以通过定向或非定向的增发进行股权融资。股权融资的好处是融资成本低，融入的资金作为公司资本基本没有使用成本且融入的资金数量一般较大。但是股权融资也受到多方面的制约和限制，如中国证券监督管理委员会（证监会）暂停新公司进行首次公开募股，或者对已上市公司的增发做出限制或加大审批难度。同时由于我国市场经济制度的不完善，近年来我国的股票市场（上海证券交易所、深证证券交易所）并不活跃，资金量不大导致上市公司的股权融资难度进一步增大。

根据 11 家上市供水公司的财务报表中得出“具有融资性质的长期负债”和“具有融资性质的短期负债”。其中“具有融资性质的长期负债”包括长期借款、长期应付票据等，“具有融资性质的短期负债”包含短期借款、拆入资金、短期应付票据等。除此之外，累计募集资金总额来自上市公司的公告“募集资金存放与实际使用情况”。需要注意的是，累计募集资金的数额为募集当年或多个年份的数字之和，并没有考虑到时间价值而进行折算。考虑到以下 11 家公司大多数上市年份接近，故影响不大。只有中山公用公司首次募集时间较早，在横向比较时的可比性受限。在上市公司公开的数据基础上，计算“长期融资占比系数”和“短期融资占比系数”。计算方法为“长期融资占比系数 = 具有融资性质的长期负债 / 累计募集资金总额”、“短期融资占比系数 = 具有融资性质的短期负债 / 累计募集资金总额”。通过两个系数可以看出公司在各个渠道融资的情况，通过横向对比可以看出目前我国上市供水企业的融资状态和融资比例。

根据表 2-11 的统计，目前我国供水行业的股票融资总额达 154 亿元。所列 11 家上市供水企业的报表数据显示，具有融资性质的长期负债占比均在股权融资金额的两倍左右，其中“中山公用”的长期融资占比系数达到 9.2[①]。这说明我国上市水务公司由于股票市场低迷、增发受限等原因，融资来源中长期借款或长期票据仍然占比较高。短期融资占比系数显示在企业融资中，短期借款等方式并不是其资金来源的主要方式，这是因为水务企业大多是资本密集型企业，项目周期长，项目资金巨大，高额成本的短期借款并不构成资金的主要来源。从目前我国上市的水务公司融资情况可以看出，由于股票市场低迷、行政控制较多等原因，上市水务公司并不能从股票市场上融入大量资金。其仍需借助长期贷款、长期票据等方式进行企业融资。

① 中山公用首次股权融资发生在 1994 年，考虑到时间价值，实际系数应比 9.2 小。

我国上市公司企业融资情况（单位：万元）　　表 2-11

企业名称	业务	累计募集资金总额	具有融资性质的长期负债 *	具有融资性质的短期负债短期负债 **	合计	长期融资占比系数 ***	短期融资占比系数 ****
江南水务	自来水业务	102890.41	0.00	1955.00	104845.41	—	0.02
兴蓉投资	自来水制售	177031.64	102436.66	13000.00	292468.30	0.58	0.07
国中水务	自来水销售	122054.04	47704.39	3000.00	172758.43	0.39	0.02
钱江水利	供水业务	48738.00	59400.00	7643.72	115781.72	1.22	0.16
锦龙股份	自来水	131858.01	167471.14	69000.00	368329.15	1.27	0.52
瀚蓝环境	自来水生产和供应	58858.07	170726.57	5945.00	235529.64	2.90	0.10
创业环保	自来水供水业务	116281.05	259806.10	0.00	376087.15	2.23	—
洪城水业	自来水生产和供应	27500.00	191018.80	6000.00	224518.80	6.95	0.22
中电环保	给水处理	53860.62	0.00	0.00	53860.62	—	—
重庆水务	自来水销售	349000.00	480143.23	0.00	829143.23	1.38	—
中山公用	供水	10784.00	99233.33	2500.00	112517.33	9.20	0.23
首创股份	自来水生产销售	269400.00	595080.34	251533.00	1116013.34	2.21	0.93
武汉控股	自来水生产与供应	74905.20	177475.60	31500.00	283880.80	2.37	0.42
合计	—	1543161.04	2350496.16	392076.72	4285733.92	1.52	0.25

数据来源：各上市公司财务报表，截止时间：2013年12月31日。

注：* 包含具有融资性质的长期借款、长期应付票据等；** 包含具有融资性质的短期借款、拆入资金、短期应付票据等；*** 具有融资性质的长期负债 / 累计募集资金总额；**** 具有融资性质的短期负债 / 累计募集资金总额

（二）经营收入

随着我国城镇供水行业的市场化进程，水价开始发挥出资源配置的功能，从而也使得供水行业的融资依靠主体逐渐从政府过渡到公众。真实合理的水价是供水行业重要的公众融资渠道，水价形成的收入也成为供水企业自有资金的重要补充。

（三）政府补贴与税收优惠

我国政府对城镇供水行业的财政补贴主要有两大类：供给补贴和需求补贴。

供给补贴是主要针对供水企业的财政补贴，包括投资补贴、亏损补贴和扶持性补贴。投资补贴主要补贴供水企业的新建和扩建基础设施；亏损补贴主要补贴供水企业的亏损，采取成本补偿办法；扶持性补贴是中央或地方政府对资源性产品生产企业的无偿扶持性补贴；税收优惠或减免，是中央或地方政府对供水行业采取的税收优惠或减免措施。

需求补贴也叫消费补贴，指对供水消费者的财政补贴。我国现行的补贴策略主要包括单一费率体系、累进式费率体系与交叉补贴。所谓单一费率，是指不论供水消费量为多少，单位水价都保持不变。这种补贴策略是针对所有消费者的，而不是针对某一群体，当水价低于成本时，消费者无论消费多少水，都不需要承担额外的费用。其次，累进式费率体系，对低收入用户和用水较少的企业有着很好的补贴作用，这主要表现在阶梯水价上。交叉补贴是同时采取两种补贴形式。

此外，政府还通过税收优惠为供水行业提供支持，下面将以增值税、企业所得税为例进行介绍。

1994 年颁布的《增值税暂行条例》，供水行业被纳入增值税征收行业中，但是供水行业享受增值税优惠。首先，供水行业实行较低的增值税税率。其次，供水行业同时享受特殊增值税税款抵扣。最后，供水行业的特殊细分行业还存在增值税豁免。2008 年《关于资源综合利用及其他产品增值税政策的通知》（财税〔2008〕156 号）强调，对销售再生水等自产货物实行免征增值税、对污水处理劳务免征增值税。

《中华人民共和国企业所得税法》于 2008 年 1 月 1 日起施行，其规定中涉及供水行业的条款如表 2-12 所示。

《中华人民共和国企业所得税法》中涉及供水行业的条款　　表 2-12

条款	涉及水务行业的条款内容
第四条	企业所得税的税率为 25%
第二十五条	国家对重点扶持和鼓励发展的产业和项目，给予企业所得税优惠
第二十七条	企业的下列所得，可以免征、减征企业所得税：（二）从事国家重点扶持的公共基础设施项目投资经营的所得；（三）从事符合条件的环境保护、节能节水项目的所得
第三十三条	企业综合利用资源，生产符合国家产业政策规定的产品所取得的收入，可以在计算应纳税所得额时减计收入
第三十四条	企业购置用于环境保护、节能节水、安全生产等专用设备的投资额，可以按一定比例实行税额抵免

资料来源：《中华人民共和国企业所得税法》（中华人民共和国主席令第63号）。

《企业所得税法》的实行将会使得供水公司受益。第一，两税合并使内外资供水公司竞争更为公平。《企业所得税法》实施后，两税得以合并[①]，企业所得税的税率统一为 25%。

① 根据 1991 年 7 月 1 颁布实施的《外商投资企业和外国企业所得税法》，外商投资企业可以享受包括“两免三减半”的优惠政策，即指外商投资企业可享受从获利年度起 2 年免征、3 年减半征收企业所得税的待遇。具有强大的资金实力、丰富的运营管理经验的外资水务公司还处在“两免三减半”税收优惠政策下，使得当时面临公司所得税率为 33% 的国内供水公司处于十分不利的竞争局势。

内资供水企业的所得税率将由 33% 下降至 25%，和外资供水企业处于同等水平，并且还可能享受到行业税收优惠。使得中外供水公司处于一个相对平等的竞争环境，有利于内资供水企业的发展与壮大。第二，供水行业将享受政府扶持。根据《企业所得税法》，国家对重点扶持和鼓励发展的产业和项目，给予企业所得税优惠；企业从事国家重点扶持的公共基础设施项目投资经营的所得和从事符合条件的环境保护、节能节水项目的所得将免征和减征企业所得税。由此，供水行业将享受相应的税收优惠待遇。另外，企业购置用于环境保护、节能节水、安全生产等专用设备的投资额，可以按一定比例实行税额抵免，这将降低供水企业和污水处理企业的税收负担，从而促进水务行业和环保行业的发展。

第三章　城镇供水行业经验

第一节　英国经验：市场化下的完全私有模式

英国是在市场体制下私营模式管理供水的典型国家，英格兰和威尔士地区最具代表性。[①] 从20世纪80年代末开始，上述地区的水务事业单位就开始改制，经过20多年的演变，水务单位已经转变成为私有制的股份公司，其运行依照企业的模式进行管理，融资则到资本市场进行融资。

一、投融资方式的演变

1989年之前，英国的水务行业保持着传统的公有属性，供水单位属于国有或者地方政府所有，涉及供水的投资除了来自中央政府的财政补贴和借款外，也有一部分商业贷款作为补充。但在1989年之后，随着改制的开始，政府的财政性补贴逐步减少并最终取消，各水务公司自行筹集投资基金，越来越多的供水公司把股权融资当作主要融资渠道。1999年之后，鉴于水务公司负债率的大幅度上升（有的公司甚至超过了90%），[②] 债务融资则开始逐渐成为水务行业融资的新模式。

二、投融资市场监管

英国私有化的水务市场的监管较为严格。从资本结构监管开始，各种监管技术与工具层层把关。在资本结构监管中，监管者委托专业的机构进行调查，制定统一的行业资本结构标准（现在的标准为55%～65%），计算出的各水务公司加权平均资本成本将作为未来价格调整的基础，调整权益资本溢价和沉没债务。

三、资本结构变化

随着水务行业融资结构变化，其资本结构也发生变化。在英国水务的私有化初期，因为资本投资计划筹集资金存在较大的困难与风险，所以上市水务公司负债水平一般较低，控制在20%以内。

1989年开始发行新股，国内机构和公众踊跃持股。在最初5年里，政府“黄金股”限制股东持股比例在15%以下。后来，随着多样化经营以及外国投资者不断进入，英国出现两次并购高潮，从最初的39家水务公司降至2006年底的23家。[③] 一些大型基金，特别是

---

① 白金燕．国外水务产业投融资经验及对我国的启示 [J]. 经济师，2011（1）.

② Oxera. The Capital Structure of Water Companies（Final Report）. Oct 11，2002. https：//www.oxera.com/publications/the-capital-structure-of-water-companies/.

③ 德国RWE公司2000年收购英国最大的水务公司泰晤士水务，2006年又将其出售给澳大利亚麦格理银行为首的收购合体——肯布尔水务（详见：中国城市水务改革发展研究报告——水务产业投资基金与城市水务未来 [M]. 北京：中国环境科学出版社，2007.）。

基础设施基金和养老基金对水务行业也开始感兴趣。① 到 2002 年底，有 7 家水务公司进行了财务重组，重组方式包括杠杆资本重组、资产证券化和杠杆收购等，重组后的公司资产总价值占全行业总资产的 27.5%。②

负债率大幅度上升可以看作是英国水务公司应对不断增加的投资需求和不断下降的内部融资能力的一种迫不得已的解决方案。英国水务公司融资需求来自自身到期的债务、追加的资本投资和超额或提前的支出。由于水务投资是一次性投资，靠持续经营回收成本，因此监管者对水务投资的要求较高。③ 水务行业是需求稳定、市场增长潜力有限的资本密集型行业，在水务资本收益率连续下滑的情况下，加上价格上限规定，使得公司无法获得满足投资者满意的利润，股东追加投资的意愿受到抑制，造成内部融资能力下降。

四、投融资特征

英国私有化水务改革的初期，股权融资逐步取代政府财政性投资成为主要融资手段。由于制定了科学的激励水价机制，为企业提供了盈利机会。在水融资彻底市场化之后，英国水行业的投资额不断增加。政府虽然将水务投融资责任交给私有化的水务公司，但是要负责水价制定和投资监管。水价的制定和调整受市场需求和经济运行的影响，更受水务企业投资变化（如提高服务标准或扩建工程）的影响。英国的水行业采用的是全成本定价原则，一度时期为了补偿高昂的水务服务成本，同时还要向投资者提供较高的回报，供水行业大幅度提升了用户水价。同时，为了保证供水服务的公平和普惠，政府的监管也得到了加强。

五、完全私有化的问题

英国模式的一个特点是高负债的资本结构，这种高度依赖资本市场和债务市场的做法也存在着一些潜在的问题。

（一）激励机制弱化

虽然举债是一种便捷高效的融资手段，但举债会必然带来风险，很多债权人一般希望在收益稳定的条件下降低风险。英国的资本结构特点就是债务资本比重过大，风险加剧的同时还弱化了效率激励机制，“RPI+K”④ 的价格调整原则难以更好地发挥效率激励作用。⑤

---

① 同属 Hastings 基金管理公司旗下的公用事业基金 Hastings Diversified 和澳大利亚信托基金 2005 年联合竞标，并成功收购 Mid Kent 水务的母公司 Swan 集团 50% 的股份；英国、澳大利亚、加拿大等国的基础设施基金和养老基金组成的收购联盟也有意收购 Anglian 水务公司的母公司 AWG 公司（详见：中国城市水务改革发展研究报告——水务产业投资基金与城市水务未来 [M]. 北京：中国环境科学出版社，2007.）。

② Oxera .The Capital Structure of Water Companies（Final Report）. Oct 11，2002. https：//www.oxera.com/publications/the-capital-structure-of-water-companies/. 杠杆资本重组是指保证公司能够继续上市并且不改变股东的所有权结构条件下，大量增加债务比例的一种财务重组形式。杠杆收购涉及通过筹集债务资金，增加财务杠杆来实现公司所有权的改变，被收购的公司一般做退市处理。

③ 投资方向包括：基本供水投资需求（如基础设施更新、水务设施建设）；提高服务水平和质量的投资需求（如水质提高、环境改善）。资本投资用于基础设施（地下资产）更新、非基础设施（地上资产）资本维护、服务水平提高、维持供需平衡以及水质改善等。

④ “RPI+K”中 RPI 是社会零售物价指数，K 值由水务服务办公室确定，这种价格调整原则是希望权益资本更好地发挥激励作用，也就是在股权人积极参与的基础上，通过扩大股权人利益来促进水务公司的高效管理。

⑤ 事实上，高负债率的出现除了债务本身的杠杆效应之外，另一个原因来自英国的金融市场，债务合同的约定条款可以在一定程度上代替股权，激励高校的经营管理。但当公司财务出现困境时，相应风险可能更大，成本也会更高。

（二）风险承受能力下降

与权益资本所控制的公司在财务上具有相当的灵活性不同，负债率过高的水务公司由于受到必须偿还的固定的利息额和严格的还偿还时间的限制，其财务管理的灵活性大大降低。因此，水务公司不得不进行大量的再融资来满足投资的需求，这种再融资又会提高融资的风险性，进而降低水务公司的风险承受能力。[①]

（三）融资能力减弱

高负债率会降低水务公司的信用等级，导致未来融资成本变大。加之如果企业没有合理安排到期债务组合，将会面临债务集体到期的困境。高负债率也会使得财务缺乏灵活性和权益资本缓冲，会使投资人要求更高的风险溢价。一旦再融资受阻，高负债的水务公司很可能会出现财务危机，引起更大的财务风险。

（四）监管信息误导

监管者对价格水平及价格调整水平的判断能力可能受到影响，这会制约监管者在价格评审中对资本投资要求和适应效率假定做出判断的能力，也会降低监管者要求水务公司继续投资和提高效率的能力，因为债务过高会恶化那些财务稳健性指标，造成公司信用等级降低，无法满足追加投资和提高效率的新要求。

（五）行业和社会风险

行业普遍高债务率，会使行业整体脆弱性加强，可能同时陷入财务危机，导致无谓的社会成本，产生社会恐慌。

六、市场加法律的政府监管模式

尽管英国采用了私有化的制度运行供水事务，但是政府监管依然扮演了重要的角色，确保了供水服务的质量。1989 年，英国通过立法，将 10 个地方水务局改组成经营性的水务公司。[②] 此后，英国政府通过“低价出售”策略，借助资本市场，稀释水务公司的国有股份。到 1995 年，英国水务实现了完全的私有化运行。改革至今，英国水务领域实现了有效的投融资。据相关统计显示，自改革之后的短短 15 年间，投资在水务的资金已经达到 500 亿英镑[③]。这些成绩的取得离不开英国的投融资监管政策。

（一）强化政府监管职能，设置水务投融资监管机构——OFWAT

虽然英国政府完全退出了水务公司，但仅仅是失去经营者的角色，而监管者的角色却一直在发挥着建设性的作用。为了保障水务投融资安全与效率，英国政府成立了专职的 OFWAT，即水务服务办公室。[④]OFWAT 是一个直接受命于环境国务大臣的政府机构，该机构有如下特点：首先，机构级别超过地方供水单位，保证监管的权威性，英国政府认为，地方供水单位具有信息优势，会产生绝对的垄断权，因此水务监管必须超越地方才

---

① 另一方面，在成熟的金融市场条件下，合理的债务形式也会对风险起到一定的缓冲作用（详见：中国城市水务改革发展研究报告——水务产业投资基金与城市水务未来 [M]. 北京：中国环境科学出版社 .）。

② 英国的苏格兰和北爱尔兰地区没有进行相应的市场化改革，因此本小节讨论的英国模式仅限于水务市场化的英格兰和威尔士地区。

③ 数据来源于中国水网（http：//www.h2o-china.com/）。

④ OFWAT 的职责范围仅限于英格兰与威尔士。在苏格兰，对水行业进行经济监管的是供水行业协会（the Water Industry Commission），在北爱尔兰则是公共事业监管局（the Utility Regulator）。此外，从 2006 年开始，OFWAT 的主要职能逐渐归并到新设的水务监管局，具体参见 http：//en.wikipedia.org/wiki/Ofwat。

能胜任。其次，监管工作不受其他政府部门的干预，保证监管的独立性，例如，OFWAT须向议会提交工作报告，但是议会却不能干涉其决策，水务总督每届任期5年，一经任命便受法律保护，除特殊原因外不得免职，等等。最后，全过程的监管，保证监管的全面性。OFWAT的主要职责是监管水务公司的财务和投融资，具体而言，在市场准入阶段，OFWAT对水务公司进行结构控制，谨慎地选择合适的市场主体，保持良好的市场结构，目标是防止水企进入中的逆向选择；在公司发展阶段，OFWAT对其进行交易控制，督导企业更新会计制度，监管水企股权交易，法定资本杠杆率调整等等，目标是帮助供水公司正确地实现投融资；在公司逐渐成熟阶段，OFWAT对其进行价格控制，供水价格的RPI+K模型，OFWAT每5年更新一次，目标是防止水务公司滥用垄断权力，保护公共利益；① 在市场退出阶段，OFWAT对其进行资格认定，例如水务资本的服务年限制度，不得在5年内退出；此外，建立经营边界隔离制度，水务公司必须坚持供水主业，辅业不得超过主业等等。

（二）借助市场力量，用竞争性自律辅助政府监管

信奉市场经济原则的英国认为竞争能带来效率，因此在投融资监管中寄希望于水务行业内部的竞争性自律，通过市场的“无形之手”和竞争机制来实现水务企业投融资的自我监管。具体做法首先是建立横向竞争机制。供水行业具有区域垄断性，但就全国而言存在横向竞争关系，英国引入对比绩效的激励机制，以最优绩效来决定水价和服务标准，由此激励供水公司强化绩效观念，做好投融资安排。其次是插管介入授权。即在既有的管网基础上，政府保留插管介入的干预，取代供水公司的垄断性供应，使供水公司面临着潜在的竞争者，从而强化公司自律。最后是跨区供水。用户对供水公司服务不满意，可以自由选择其他区域的供水公司，打破了供水公司的区域垄断，加剧了供水公司自身的危机感，从而注重投融资的自律。此外，英国还实行了水务合同外包、服务竞争等等，都在尽可能地引入竞争机制。

（三）依托法律框架，为监管提供坚实的法律基础

英国具有深厚的法治传统，认为法律提供一个明晰的权责边界，从而形成一个封闭性空间，保证法律的施行。英国首要的经验是法律先行。英国的私有化改革奠定在1989年修订的《水法》上，该法确定了水务公司的法律地位和政府监管的角色和职能。第二个经验是法律不断地健全和完善。私有化改革之后，英国政府相继颁布了《法定水公司法》、《竞争与服务法》等9部法律，此后还在不断的修订，例如1999年对《水工业法》、2003年对《水法》的修订等。最后的经验是法律提供保障。OFWAT的监管职能与独立性是受立法保护的。早期的低价出售供水公司的国有股份，看似是公共利益的受损，然而在法律框架下这部分资产进入了受监资产范围，并形成基准制度，一方面解决了初始融资难题，另一方面缓解了日后的高水价压力，这一切都依赖健全的法律。② 最终，英国水务领域的法律基础使得英国的水务企业与政府民众之间不是简单的市场合同关系，而是法律关系。同时，在监管过程中英国政府也时刻保持监管的统一性，尽量减少交易成本与监管寻租，从而优化了英国的水务投融资监管。

---

① 英国逢九逢四会进行一次水价指导调整，例如最近一次调价是2014年制定了2015～2019年的水价方案（资料来源于中国水网）。

② 参考中国水网：《英国水务行业经济监管体制》。

综上所述，英国的水务投融资监管模式中，OFWAT 发挥独立、权威、全面的监管职能是其成功的前提条件。同时，在缺乏竞争的水务领域，最大化引入市场竞争机制，以竞争性自律辅助政府监管，增加了英国投融资监管的力度。此外，英国在水务领域的完善法律框架，提供了投融资监管的重要保障。最终，英国实现了保障公共利益和提升供水行业绩效的双重目标。

第二节　法国、美国经验：不同侧重的混合模式

一、法国：特许经营模式

相比英国，法国保留着供水行业的公有产权，通过委托经营合同引入私人资本。[①] 也就是说，水务产业设施使用权可以外包给私营企业，但所有权依然保留给政府。

（一）法国供水基本情况

19 世纪之前，法国的公共供水系统是从远离城市的自然环境中取水。现在，法国依靠全国范围内大约 30000 个供水和污水处理系统负责供水和排水的工作，各系统服务规模差异较大，每个系统服务的用户的数量从几百到几百万不等，都由地方当局直接管理。法国由私营水务公司作为主要的供水机构，其供水人口达到全国的 80%，地方政府供水量只占全国量的 20%，但是由地方当局直接管理大量供排水系统。[②]2009 ～ 2010 年度法国私营水务公司服务人口比例占总服务人口的 78%，服务人口主要集中在城市地区，总合同数达 13000 份；而国营水务机构服务比例为 22%，服务人口主要集中在农村地区，市镇合同达 23000 份。

（二）水务市场管理模式

法国的水务基础设施无论是由谁修建，均属于国家所有。国家对水务行业拥有专营权，地方当局具体负责饮用水水质、污水处理和污染控制。他们可以自行运营管理水务基础设施，也可以委托私人公司运营管理。

就供水主体而言，法国主要有三类主体：地方政府、公共部门和私人企业。它们的业务管理主要有三种模式：第一种叫做“Regie Municipale”，即地方政府负责整个水务系统的建设管理，包括自来水厂、污水处理厂和各种管网等，而且市长 / 镇长和市镇委员会都直接参与管理中。第二种模式是“Super Regie Municipale”，即由邻近的几个市镇联合组成一个“市镇联合会”，几个市镇共享水资源的同时共担沉淀成本，共同抵抗缺水风险。第三种模式是法国最普遍的水务管理模式叫做委托经营[③]，地方政府通过委托方式让私营企业进入水务市场，代替政府运营管理供水和污水处理事务。

---

① 白金燕 . 国外水务产业投融资经验及对我国的启示 [J]. 经济师，2011（1）.

② Barraque，Bernard. The Three Ages of Engineering for the Water Industry [C] .Stanford-France STS Conference，2003(4).

③ “二战”之后，为了应对诸多困难，法国许多市镇采用委托经营方式从解决供排水问题，方式包括特许经营、承租经营、法人经营、代理经营。这四种方式中，私营公司参与的程度、地方政府与私营公司之间的风险分担、私营公司的责任范围、资本投入需求、合同期限等不相同。但不管怎样，资产所有权都属于地方政府，私营公司只有使用权，同时私营水务公司还要接受政府监督（详见：中国城市水务改革发展研究报告——水务产业投资基金与城市水务未来 [M]. 北京：中国环境科学出版社，2007.）。

法国四种委托经管管理模式　　表 3-1

委托经营管理合同	特许经营	承租经营	法人经营	代理经营
投融资负责方	私有水务公司	地方政府 / 公共部门 *	地方政府 / 公共部门	地方政府 / 公共部门
运营成本融资负责方	私有水务公司	私有水务企业	地方政府 / 公共部门	地方政府 / 公共部门
所有制形式	公有	公有	公有	公有
管理方	私有水务公司	私有水务企业	私有水务企业	私有水务企业
财务风险（企业角度）	高	中	低	低
委托期限	20 年	10 ～ 12 年	合同	合同
水价制定	合同	合同	地方政府 / 公共部门	地方政府、私营企业
企业报酬	征收用户水费	征收用户水费	固定收入	固定收入 / 绩效奖金 **

注: * 私人企业将负责投资成本; ** 有建立在绩效基础上的激励机制。

资料来源：Elnaboulsi J C：Organization，Management and Delegation in the French Water Industry [J].Annals of Public and Cooperative Economics，2001 ，72（4），507–547.

（三）投资项目分配

法国供水的投资是按照项目分配的，具体来说：政府全部负担城市饮用水供应、污水处理厂、排水管道建设维护及相关的研究等方面的投资；对于政府承租合同的企业，市镇当局承担项目新建与扩建以及主要基础设施的更新，承租人可以收取经营费用但也要承担相应的经营风险；① 对于持政府特许经营合同的企业，② 则要负责经营管理的全部费用，包括设施的更新和维护。特许经营期间，这些企业需要承担经营风险，但地方当局可以补偿那些在特许经营合同到期时未能收回投资成本的企业。

（四）融资模式

法国水务系统的主要资金来源是税费收入，其融资渠道主要分为政府补贴与贷款和资本市场融资两种。其具体关系如图 3-1 所示。

政府补贴的作用是用政府财政弥补公有水务公司的水费不足的部分，这样的补贴资金有的来自各级政府的预算，③ 有的来自通过水资源管理局的资助 ④，还有的来自国家供水系统开发基金的专门拨付 ⑤。其中政府补贴包括各级政府的各项财政拨款或是低息贷款。流域水资源管理局也可以根据使用者付费的原则，按照与流域委员会签订的协议征收水税和污染税，然后再通过补助或贷款用于地方政府的技术援助项目和人员培训，并为开发投资提供经济援助。国家供水系统开发基金是由法国农业部设立并管理的全国性的基金，其建设的资金来自输配水的税费，该基金主要是用于帮助较小的城镇和乡村地区发展供水的建设和管理。现在，法国的水价中有 2% 的费用是专门支付给该基金的。该基金可以缓解政府的

---

① 法国有三大私有水网公司：苏伊士、威立雅和萨尔，它们几乎垄断了除了市镇水务公司控制以外的所有市场。政府通过与私有公司签订委托经营合同对其管理，委托经营合同包括承租合同和特许经营合同。

② 承租合同的期限通常为 10 ～ 12 年，特许经营合同的期限为 20 ～ 30 年，通常短于投资完全回收期。

③ 法国的中央政府、地区政府以及地区下属各行政区域的政府通常都以补贴的形式从预算中拨付。

④ 流域水资源管理局会根据效率与业绩决定资助额度。

⑤ 法国设立了专门的国家水基金和流域性水基金，用于科研、管理和污染防治等领域。

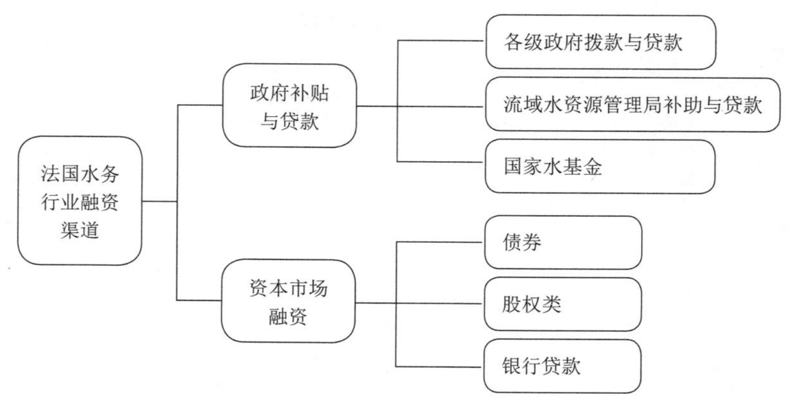

图 3-1　法国供水行业的融资渠道

财政压力，也可以为企业的水环境治理提供融资帮助。

虽然法国政府每年财政预算上会拨付一定的款项用于私营水务公司的建设，但是政府的补贴对于整个水务公司运转所需的资金来说还是相对较少，水务公司每年巨额的投资需要通过市场融资来解决。在特许经营模式下，私人水务企业必须按照市场机制而非依靠公共渠道融资①；在承租或市镇公有水务公司模式下，市镇当局和有关机构必须共同筹资。以法国两大水务公司威立雅和苏伊士为例，2010 年威立雅环境集团融资总额为 21.16 亿美元，其中债券融资 10.44 亿美元、银行贷款 1071.48 万美元；苏伊士环境公司 2010 年融资总额 38.51 亿美元，其中债券融资 15.90 亿美元，股权类融资 2.19 亿美元，银行贷款类融资 20.42 亿美元。

（五）合同治理式的监管模式——降低委托代理风险

在法国 1992 年颁布的新的《水法》要求下，市政部门陆续开始以委托经营的方式，在供水行业中引入社会资本，以缓解公共供水资金的压力。这样逐渐形成公私合作模式，针对委托代理问题，法国政府采取合同治理，使风险降到最低。

1. 初始阶段：严格准入

首先，法国政府严格遵循“谨慎原则”和“最优匹配原则”，严把水务市场准入门槛关，有序地放开供水行业。政府先是在基建领域对私人资本开放，接着允许其可以进入供水生产环节，但销售环节依然被限制，然后一步一步放开供水业务，最后企业家在政府的许可下可以经营供水公司，成功接管供水业务，并由此出现了多种委托经营方式。其次，法国政府引入水务资本，是在“减轻包袱”而不是“甩包袱”，因此在选择水务资本时，对进入资本的质量进行了严格的审查，其中资本的有效性、持续性以及企业家（或公司）的经营能力、经营理念、信誉等都是重要的考核内容，得分较差的资本将被排除在外。最后，法国市政当局通过招投标形式进行筛选，各个进入者就经营策略、成本方案、战略目标、项目实施等方面进行游说和竞争，法国政府作为终极裁判，并结合供水行业的特性，选择最优匹配的企业。在资本进入环节，法国政府的严格把关使供水行业的投融资监管保持了封

① 法国三大水务公司都是上市公司，因此股权融资是其主要的融资渠道之一。三大水务公司利用项目融资方式也可以融入长期贷款。

闭性，同时也通过甄别和筛选，正向选择了最优匹配的私人资本，并将不良资本事先排除在外，减少沉没成本，提高投融资效率。

2. 合同签订：权责清晰

法国具有契约精神的传统，因此在选定进入主体之后，政府通过契约来实现委托经营的公私合作。首先，明确委托经营的内涵。供水企业及各项基础设施均属于公共财产，私人资本的进入不改变其公有产权的属性，社会企业家只是在政府的委托下代为经营，并在经营期内，具有使用和运营的权利，经营期满，所有一切权利回归政府。其次，明确委托经营的方式。根据私人资本准入的不同，订立不同的委托经营合同，比如法人经营、承租经营、特许经营以及代理经营等形式。[①] 再次，明确合同期限以及责任风险分配。每一份合同中明确规定经营期限，其中有 5 至 20 年不等，期限到期后开始新一轮的合同。[②] 正是通过这些短期合同，政府有效地减少供水行业的融资风险。此外，明确投融资风险的责任分配，例如在特许经营合同中，投融资责任在受托企业，因此法国政府通过合同约定规制受托企业的行为。最后，有关水价的问题。法国政府根据全成本补偿原则，制定水价方案，并写入委托经营合同中，成为受托企业必须恪守的合同约束，受托企业也无法虚增成本，抬高水价。

3. 合同执行：强化监督

合同的履行有赖于无偏差的实施。虽然法国政府十分重视准入环节，[③] 通过合同将经营决策权赋予了受托企业，但是法国政府依然需要保证受托企业遵守委托经营合同，因此特作了以下安排：首先，设置市政投融资管理中心，强化对受托企业的监督和审核。法国政府要求受托企业每季度向市政投融资管理中心报送季度财务报表以及投融资报表，并在合同期满，对受托企业进行终期考核，以决定是否续约。其次，培养供水协会以及水委员会等社会组织，借助社会力量来强化监督。法国各地均有水委员会，由用户代表、政府官员、供水企业以及专家组成，共同协商和讨论供水投融资问题。其中用户代表人数最多，他们具有强大的发言权，并可以实时监控供水企业，通过水委员会的平台，对供水企业产生重大约束力。最后，法国政府不断完善供水领域的法律法规，通过健全的法律框架强有力地督导供水企业的合同执行。

法国通过委托经营合同的形式引入水务资本，最终也是通过合同治理来实现了供水行业的投融资监管。一方面，法国政府高度重视水务市场的准入制度，从源头上严格把关，防止逆向选择；另一方面，通过完整的合约制度，做好权责利的事先分配，并因为短期化的合同，加强了政府对供水行业的控制；同时法国政府还致力于合同的完美执行，在监督过程中整合了政治、社会和法律的三种力量，通过市政投融资管理中心、水委员会以及法律框架的共同作用，来规范受托企业的投融资行为，降低委托代理风险。

二、美国：公营为主的模式

在所有制结构演变方面美国的水务行业经历了一个“私有—公私并存—公有为主”的

---

① 参考中国水网：《法国模式：市政公用环境设施委托经营管理模式》一文。

② 政府根据评估结果重新选择经营者，但是正在经营的受托企业具有优先续约权。

③ 白金燕．国外水务产业投融资经验及对我国的启示 [J]. 经济师，2011（1）.

过程。[①]现在，美国多数水务系统属于县、市政府所有。公共部门和非营利实体控制全国85%的供水系统，为80%的人口提供供水服务。私有水务企业拥有美国水务资产的10%，仅占市场份额的14.3%，为全国20%的人口提供服务。全国社区供水系统中43%属于公有，由地方政府负责管理，其余属于私人所有。私人社区供水系统中的43%属于以供水服务为主营业务的公司所有（如投资者所有的公用事业），24%为辅助供水系统，属于不以供水服务为主营业务的公司所有。如果按照服务人口划分，那么服务人口超过1万的供水系统中几乎90%是公有的。随着服务人口的减少，私人所有的社区供水系统的数量越来越多。[②]

（一）投融资历史沿革

最初，美国的私人部门或地方政府差不多占了水务基础设施投资的全部。在20世纪五六十年代之后，由于投资需求的激增，联邦政府开始向基础设施提供财政支持力，但投资的重点不是饮用水方面而是污水处理。

此后，联邦资金对饮用水设施的支持力度一直不大，尤其是20世纪80年代以来下降了近70%。相比而言，地方投资几乎翻倍，这种情况一直持续到1996年州循环基金或供水基础设施银行建立之前。即使现在，循环基金也仅仅作为融资渠道从用户水费中获得补偿。

就未来投资趋势而言，根据美国政府的预测，美国供水和污水处理基础设施投资需求巨大，如果继续维持目前的经营状况，水务行业将出现巨大的投资缺口。[③]

（二）投融资政策和投资回收机制

美国水务投融资规定按工程用途分摊费用：联邦政府和州政府负责防洪、环境保护等纯公益性工程的投资；水利水电等综合性工程由开发商自行筹资，国家可提供低息贷款；流域管理机构和调水工程可以通过政府担保的市政债券融资，此外政府还可以依法要求收益行业、部门和个人承担部分成本。

（三）融资渠道

美国水务基建的资金主要来自联邦政府提供的拨款和长期低息贷款以及市政债券。虽然一些地方鼓励民间资金进入有效供水领域，但并不是主流。政府的一系列支持和补助措施的实施，在实际意义上是支持供水是公共物品提供的目标，在供水方面仍然以政府供给为主，并为此设立了一系列支援制度。

1. 联邦政府的资金

依据联邦法案，美国联邦环保署有权为州（包括各州、哥伦比亚特区）和州际机构提供联邦资助，建立和实施饮用水项目和水污染防治项目。[④]联邦环保署根据饮用水基础设施需求调查，按照各州需求占总需求的比例确定各州的拨款额，最低份额为1%，为确保

---

① 杜红，杜英豪．美国水务行业所有制结构及其原因分析 [J]. 山西财经大学学报，2004，3.

② Environmental Protection Agency（EPA）. The Drinking Water State Revolving Fund Program Financing America’s Drinking Water from the Source to the Tap Report to Congress [R]，May，2003.

③ 据美国国会预算办公室估计，从2000年到2019年，饮用水年均投资成本介于116亿到201亿美元之间。据WIN（Water Infrastructure Network，一个由地方官员、供排水服务提供者、环境与健康管理机构、技术专家及环保人士组成的联盟）2000年的预测显示，未来20年内整个供水和污水处理行业所需资金近10000亿美元，即每年所需资金约为240亿美元，其中饮用水基础设施的建设更新每年所需开支约为240亿美元。美国环保署2003年进行的第三次全国公共水务系统基础设施普查显示，2003年1月至2022年12月20年间美国水务系统总投资约为2768亿美元。虽然这些研究报告结论不尽相同，但是都足以证明未来饮用水基础设施投资需求巨大。

④ 另外，建设拨款项目是联邦基金的主要来源，主要用于公用污水处理设施的建设。目前，在美国大多数地区，州清洁水循环基金已经取代建设项目，为市政污水处理设施以及非点源污染防治和河口保护工程提供建设资金。

饮用水相关项目的执行，获得认证的州与部落可以从美国环保署得到两种联邦财政补助资金：州公共供水系统监督（State Public Water System Supervision）补助资金和州地下水源保护（State Underground Water Source Protection）补助资金。从 1976 年起，联邦环保署每年都会收到安全饮用水法案中第 1443（a）条所规定的国会拨款，款项用于帮助各州、地区以及部落制定实施各自的公共供水系统监督项目，以执行安全饮用水法案中的相关规定，尤其是确保境内的饮用水达到国家基本饮用水标准。

除了联邦环保署，商务部经济发展管理局（Economic Development Administration）也为供水和污水处理的基础设施建设提供资金，其中代表性的项目就是印第安保留地清洁水项目。[①] 为支持供水基础设施的建设，农业与农村发展部或直接提供项目贷款或提供部分补助资金。美国住房与城市发展部还管理着社区发展补助资金项目（Community Development Block Grant Program），这也能为供水基础设施提供资金支持。

美国环保署根据饮用水基础设施需求调查，按照各州需求占总需求的比例确定各州的拨款额，最低份额为 1%。饮用水循环基金的目标之一是为各州提供建立循环基金的方法，为公共供水系统提供低利率贷款的同时，通过留存基金促进公共卫生事业发展。[②]

2. 州政府与地方政府的资助

美国的不少州政府也在预算中留有为水务企业提供贷款和拨款的资金。以州饮用水周转资金为例，州政府拨付给州饮用水循环基金的资金（包括按规定的比例拨付的部分、杠杆债券、本金与利息）占基金总额的 42%。州政府拨付给水务企业的其他贷款和拨款则需要与联邦机构的其他援助项目配合使用。除发行杠杆债券获得的资金外，有关调查也发现，“美国各州政府的公共财政资金每年对清洁水建设项目的转移支付总额平均为 7 亿美元，约占全美在这一领域投资总额的 5%。”[③]

3. 市政债券

市政债券是美国的地方政府的一项重要融资工具，就是说地方政府可以发行用于市政基础设施建设的公债。[④] 市政债券不仅可以利用所得税优势吸引社会资金直接投资于城市基础设施建设，还可以引导社会资金流向相对稳定又利润较高的基础设施项目。这样，政府可以将节省出来的有限财政资金用于回报率较低的城市公益项目。

4. 私有水务公司融资

私有水务公司完全可以按照市场规律进行融资。鉴于美国有着高度发达的资本市场，水务公司能够以股权和债务等形式筹集资金。美国水企对投资人没有特别限制，投资人既包括一般公众、机构投资人和风险基金持有人，也包括持有养老基金、保险基金等追求长期稳定受益的投资人。

---

① 美国农业部、国家海洋与大气管理局、联邦公路管理局和美国地质调查局能为改善水质提供所需的资金。

② 在 1997～2004 年期间，美国国会先后批准了超过 69.6 亿美元，以支持州饮用水循环基金项目。至 2004 年 6 月 30 日，各州循环基金已接受联邦拨款 57 亿美元，加上州政府出资、发行债券、贷款收回以及其他资助，至 2005 年 6 月，基金共支持了 4300 多个健康保护项目，援助资金接近 95 亿美元，受益人口超过 1 亿。其中与小社区（服务人口小于 10000 人）相关的项目和援助资金分别占项目总数和援助资金总额的 73% 和 39%，有效支持了各州和部落改善公共水务系统的活动。

③ 中国华禹水务产业投资基金筹备组编著 . 中国城市水务改革发展研究报告——水务产业投资基金与城市水务未来 [M]. 北京：中国环境科学出版社，2007.

④ 由于投资收益无需交纳所得税，市政债券的利率往往比公司债券等含税债券的利率低，意味着地方政府的融资成本低于私有公司的融资成本。

由此可见，在美国联邦政府通过环保署为州和州际机构提供联邦资助，商务部经济发展管理局为供水和污水处理基础设施建设提供资金，农业与农村发展部或直接提供项目贷款支持供水基础设施的建设，住房与城市发展部管理着社区发展补助资金项目，也通过州饮用水循环基金公共供水系统提供低利率贷款，保证各州、地区以及部落制定实施各自的公共供水系统监督项目，确保境内的饮用水达到国家基本饮用水标准。此外，其他的市场化的私人资本融资方式也都为城市供水安全与稳定作出了重要贡献。

第三节　荷兰、日本、中国香港经验：程度不同的公有模式

一、荷兰：公有私营模式

历史上，荷兰的供水行业在相当长一段时间内处于完全私有、完全市政公有和公有水务公司三种混合模式的状态下，而且几种模式在不同时期有着不同的影响，图 3-2 展示了荷兰几种模式的变迁过程。现在荷兰采用的是公有私营的主导模式，即水务公用事业的股权所有者是各级政府，但运行按照私营公司运营方法运行。①

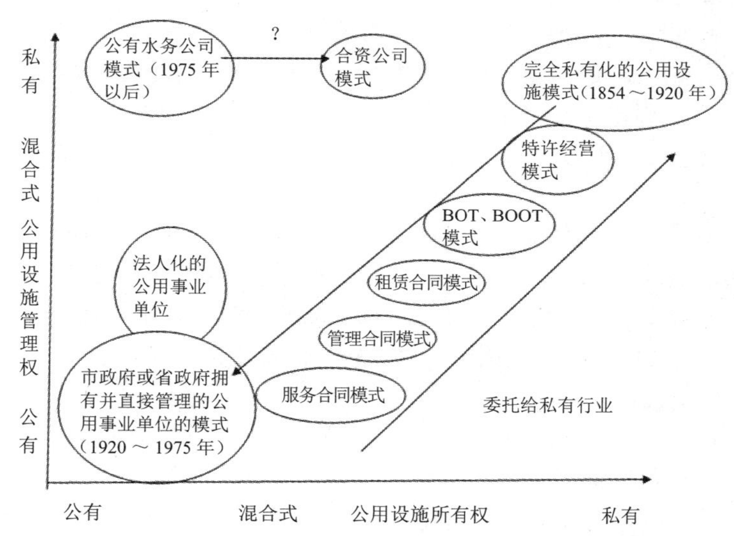

图 3-2　荷兰供水行业 1854 ～ 1994 年间组织架构的主导模式

资料来源：（荷）布劳克兰等著.武勇，王建清等译.荷兰供水行业的公有私营模式[M].北京：中国建筑工业出版社，2008.

（一）荷兰水务管理模式的演化

第一阶段：1854 到 1920 年，水务公司采用完全的私有管理模式，而公有模式也正在兴起。

第二阶段：1920 到 1975 年，多数水务公司开始逐步过渡到完全市政府管理模式，私有管理模式逐渐消失，公有公司开始出现。1920 年之后，省政府的许可证制度建立起区域性

① 白金燕 . 国外水务产业投融资经验及对我国的启示 [J]. 经济师，2011（1）.

公有供水公司，一个公司由几个市政府共同持股。

第三阶段：1975 年以后，公有水务公司占据主流，其他两种模式逐渐淡出历史舞台。

（二）投融资方式

荷兰的中央政府、省政府和市政府在引导行业发展方面发挥着重要作用，主要通过政策、立法、融资担保和技术支持等发挥作用，但是中央政府从来没有对供水行业进行过大规模投资，也没有寻求过对供水设施的所有权。在 1910 年之前，地方政府和私营企业家投资建立自来水供应系统，所需资金来自市政府公共预算。

现在，荷兰供水服务是通过向用户收费来实现成本回收，用户费用涵盖包括运营、利息、折旧等在内的所有费用。考虑到从国家得到运营费的补贴是不确定和难以预测的，因此水务公司只考虑从用户和市场来寻求融资，同时这些公司也非常希望获得公司所得税税率的优惠。但供水行业利润很低，多数公司有较高负债。

因此，在这种市场条件下，荷兰供水公司要处理好两个关系。一个是和私人银行的关系，他们是供水设施投资资本的重要来源；另一个是和供水设施用户的关系，他们的付费是供水设施收入的唯一来源。根据布劳克兰等人的发现，“荷兰供水公司一般只能从荷兰的商业银行、养老基金、保险公司等渠道获得投资资本。”①

（三）供水的绩效监控

荷兰的供水行业对信贷的高度依赖和供水本身的密集型投资特点都使得荷兰供水强烈需要银行的大力支持，这种关系客观上产生了一种效应，促进了供水企业引入符合私营企业标准的财务报告制度。该报告制度要对供水行业的财务健康度以及金融机构在荷兰供水领域业务中所扮演的角色进行评估，并以私有公司作为基准，对供水设施的财务绩效的衡量和评估方法做尝试。

荷兰的定价法规也为供水行业做好财务和绩效的比较提供了额外的激励。荷兰有被称作 CONVAS 的供水行业监管机构，其类似于英国的水务办公室，负责制定全国统一的水价体系。各家供水公司都要为自己量身设计财务方面的标杆管理体系，实行业内自我监控。②为保证供水的效果，供水设施之间也加强了绩效监控，通过内部小范围的财务和技术方面的统计报告体系实现。这种体系的创始者是一个 20 世纪 80 年代后出现的称为 COCLUWA 的地方供水公司协会，之后很多协会其他成员都自愿加入年度绩效比较中。

二、日本：公有基础上的私营尝试

日本的自来水供应主要由各城市下属的水道局负责。水道局的员工是政府雇员或公务员，所以水道局在日本也被称为“地方公营企业”。这样的公营企业存在于以私有化为主体的日本社会是比较特殊的。水道局对城市供水进行规划和宏观管理，其经营原则是“取之于民，用之于民”，市民不需要额外交税而是由水费收入抵消各项运营支出。其他费用如消

① （荷）布劳克兰等著 . 武勇，王建清等译 . 荷兰供水行业的公有私营模式 [M]. 北京：中国建筑工业版社，2008. 同其他行业相比，供水设施贷款有着非常优惠的条件，不仅不需要像教育和医疗卫生等公共（半公共）行业的公司那样必须有政府担保才能拿到贷款，而且还能获得比其他私有企业更低的利率优惠。银行和金融机构都愿意以慷慨的条件提供资本贷款是因为供水行业的风险预测值非常低。政府支持下的垄断组织结构、省市政府的所有权、对供水的稳定需求等因素共同作用，在事实上保证了他们的投资回报。

② Dijkgraaf，E.，Jong，R. de，Mortel，E. G.. van de，Nentjes，A. ，Varkevisser，M.，and Wiersma，D.，Mogelijkheden tot Marktwerking in de Nederlandse Watersector，The Hague：Ministry of Economic Affairs，1997.

防用水、水源建设等则列入市财政预算，由地方财政负责。净水厂负责工厂的建设和运行，经济上独立核算并且免交税；市民用水需交消费税，水价由当地议会核定。由于水价制定合理、补充到位，净水厂基本上都有一定的利润空间可用于再生产。[①]

（一）经营管理模式和资金来源

根据《东京都水道条例》，日本城市供水事业的基本目的是保证现在和将来的市民生活和各项城市活动的用水。在此基础上，水源的保护和水管设施的维修管理等也属于必不可少的业务。东京都水道局作为地方经营的公共企业，全面负责东京都的供水事业。东京都水道局负责都内23个区以及25个市町村的供水及相关的事业，供水人口达1167.7万，供水区域的面积1206平方公里，每日供水能力为696万立方米，管辖区域内供水管道总长达到24万公里。[②]

从管理模式看，东京都水道局是按照独立核算的企业化经营管理，供水事业的建设管理资金来源主要依靠用户的水费。因此，在这样的管理模式下，东京都供水事业的发展就具有了双重的目标，也就是在促进公共福利的同时，还需要提高经营效率、发挥企业的经济性。东京都水道局采用的是独立核算的模式，这就要求其在经营供水业务时必须遵守三项基本的原则，即受益者付费原则、公平原则和提高经营效率原则。[③]东京都供水事业的建设管理资金与用户付费密切相关，东京主要依靠水费的收入建设、管理供水事业，但是东京供水的基本方针是保持企业的收支平衡和使用者之间在使用和收费上的公平。[④]

（二）水价政策

根据法律规定，城市水价的制定必须由议会审议决定。水费价格体系以及计算方法的调整变更，首先必须征求主管的厚生劳动大臣的意见，然后经过国会的审议批准，在修改条例相关内容之后才能实施。和日本的很多城市类似，大阪市非工业用水采用带起步价的阶梯式水价。起步价按每月10吨计算，共计950日元，即使不用水，也算10吨，超过10吨，水价则成倍上涨，这样做的目的是保证市民有水可用，同时鼓励节约用水，并起到了重要的经济杠杆作用。自来水的阶梯价格根据用途不同，价格也不相同，主要分为四类：第一类一般指居民和企事业单位生活使用，叫“一般用”；第二类指高档经营场所（如酒吧、KTV等）使用，叫“业务用”；第三类指洗澡使用，叫“汤屋用”；第四类指工厂生产用水。[⑤]表3-2列举了具体水价。

大阪市自来水价格一览表 **表3-2**

用途	水量（吨）	价格（日元/吨）
一般用	≤10	950
	11～20	97

① 刁春晖．日本大阪的城市供水系统[J]．城市公用事业，2011（03）．

② 东京市水道局 http：//www.waterworks.metro.tokyo.jp/

③ 同上。

④ Kazuo Aida，William Cooper，Jesus Pastor. Evaluating Water Supply Services in Japan with RAM：a Range-adjusted Measure of Inefficiency. Omega.1998（02）．

⑤ 大阪市水道局 http：//www.city.osaka.lg.jp/suido/index.html

续表

用途	水量（吨）	价格（日元 / 吨）
一般用	21 ～ 30	124
	31 ～ 50	168
	51 ～ 100	230
	101 ～ 200	293
	201 ～ 1000	342
	⩾ 1001	368
业务用	⩽ 10	950
	11 ～ 30	209
	31 ～ 50	285
	⩾ 51	368
汤屋（澡堂）用	⩽ 10	950
	⩾ 11	58
工厂生产用	1 ～ 30	35
	⩾ 30	70

数据来源：大阪市水道局网站http：//www.city.osaka.lg.jp/suido/index.htm.

（三）鼓励私营部门参与

2005 年 10 月以来，日本厚生劳动省开始鼓励私营水务企业参与地方供水事业，希望私营水务企业能够发挥其自身优势，准确评估和分析当前供水的表现，设计未来发展计划，并制定实现的具体措施。这将有助于加强对水务企业的管理和监护。日本的水务企业由市政部门管理。从公共健康的角度出发，将供水管理委托给私营部门是很不利的。然而，从 1999 年开始，受地方政府和世界范围的公私合作关系影响，以及私有资金支持等因素影响，供水管理也有了一些妥协措施，其中包括允许私营部门运行和维护部分公共供水设施，例如使用私有资金进行供水管理，以及进行有效的供水商业活动等。几乎与此同时，日本于 2002 年 4 月通过了修改过的《供水法》，该法允许日本国有水务企业将部分运作委托给私有的第三方，这样就拓宽了私营部门参与水务的途径。①

长期以来，由于公有的水务企业垄断了水务业务，在竞争不充分的情况下，自身降低运营成本的动力不足，其管理的效率往往也很低。因此，近几年来，私营部门被越来越多地允许参与水务行业，以推动公营水务企业改革，提高质量和效率。私营部门参与的形式多种多样，形式包括管理承包、租赁、服务承包、特许经营、私人融资、完全私有化以及公私合作等。目前，在日本水务企业中，最普遍的参与形式是服务承包，即把特定的任务外包给私营企业。2001 年的一项调查显示，大约 80%的水务企业已经将各种不同的服务外

① 《日本供水法》http：//law.e-gov.go.jp/htmldata/S32/S32HO177.html

包给了私营部门，比如水质监测、水厂的电力设备维护等。虽然日本1999年颁布的《私人融资促进法》鼓励私人资本以BOO或BOT形式为水务提供融资，但除服务承包、私人融资以及其他更为综合性的承包形式（如特许经营和管理承包等）都还没有被广泛认可。

（四）新模式的探索

日本有些城市已经开始在投融资和水务管理制度上探索新模式。[①]比如，2012年大阪市水道局提出了新的构想："区域一体化+民营化"。原因在于目前大阪市的水需求量在下降，再加上对未来人口的预测是减少的，水务盈利正在减少。因此，大阪市水道局今后要在三个方面改进：一是提高效率，二是可持续发展，三是扩大规模。

根据图3-3所示，原来大阪市水道局准备分两步走，一是联合水务公司，进行整合，扩大规模；二是要尝试民营化，追求效率与可持续发展。但是实践证明在联合过程中阻力很大，现在还在探索民营化的过程当中。

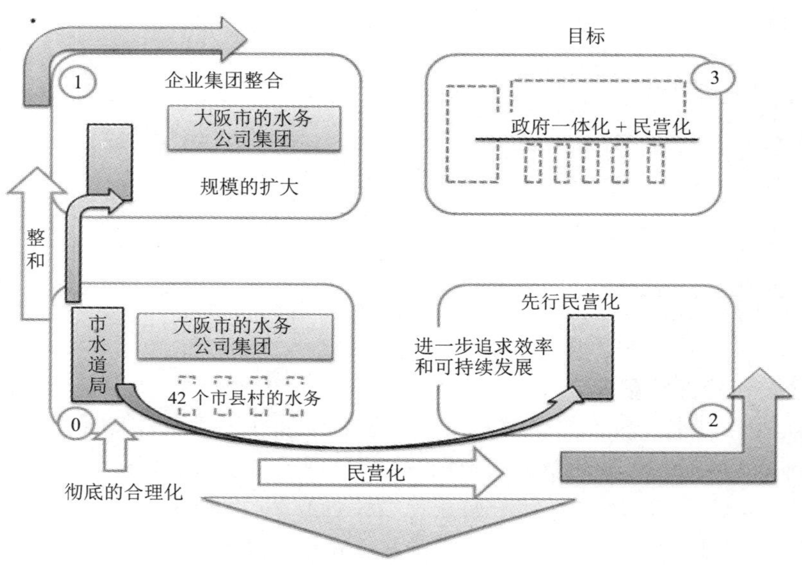

图3-3　大阪供水新模式的探索

三、中国香港：公有公营

香港的主要供水设施包括17座水库（塘）、21座水厂、167座配水库和总长度6300公里的管网。另外香港还有30座海水抽水站、48座海水配水库以及1600公里的海水配水管网。[②]

香港的供水事务由水务署统一管理，它的管理主要依靠大量的外派机构，比如供水设施包括水厂、管网的检修、管网漏损检测、应急抢修等技术事务都可以通过对外委托给专业公司完成，水务署则对专业公司进行考评。水务署内部的员工主要是负责供水设施的发展规划设计、用户查表收费及水质检测等方面的工作。

---

① 大阪市水道局 http：//www.city.osaka.lg.jp/suido/index.html

② 胡波．香港的供水[J]．城镇供水．2012，06.

（一）水费收入

水费收入是香港水务资金的重要来源。就水价而言，香港采用的是阶梯水价，其中住宅水价分四级：

1. 住宅用水

住宅用水水量分为 4 级，然后按每级的渐进式收费率计算水费。具体用水量及相应费率如下：

第一级：前 12 立方米，免费；

第二级：之后的 31 立方米，每立方米 4.16 港币；

第三级：再继后的 19 立方米，每立方米 6.45 港币；

第四级：其余，每立方米 9.05 港币。

2. 非住宅用水实施单一价格

一般的非住宅用户水量和单位水价如下：

工商业：4.58 港币；

建筑业：7.11 港币；

远洋轮船：10.93 港币（于 1996 年 7 月生效）；

非远洋轮船：4.58 港币。

香港现有 250 多万户使用海水冲厕，海水免费使用。如使用淡水冲厕，其价格分为两级，分别为：第一级为 30 立方米以内，免费使用；第二级为其余每立方米收费 4.58 港币。

3. 水费收入总揽

据香港水务署的统计，在 2011 年至 2012 年度，约 14% 的香港住宅用户不用支付任何水费；41% 达到第二级的用水量而缴付最多每立方米 4.16 港币的水费；21% 最多缴付第三级，即每立方米 6.45 港币的水费；余下 24% 最多缴付第四级，即每立方米 9.05 港币的水费。2011 至 2012 年度，250 万住宅用户（包括无需缴付水费之用户）每月平均水费为 47 港币，约相等于住户每月平均开支的 0.3%。[①] 具体收入如表 3-3 所示。

过去五年按用户类别划分的水费收入（单位：百万港元）　　表 3-3

	2007—2008 年	2008—2009 年	2009—2010 年	2010—2011 年	2011—2012 年
商业	890	866	876	896	913
住宅	1378	1407	1443	1408	1414
政府	148	159	150	163	155
其他	152	155	157	160	175
总收入	2568	2587	2626	2627	2657

数据来源：香港水务署年报（2011—2012年度）。

（二）供水投融资

虽然香港是高度发达的市场经济体，大部分产业、行业都为私有，甚至包括煤气、电力和港灯等基础设施都由私人企业运行，但是维系公众基本生活的水务却一直是香港政府

① 详见香港水务署官网信息：http：//www.wsd.gov.hk/sc/adhoc/revision_of_statutory_fees/index.html .

的一部分，由政府完全负责。并且，历届香港政府都把城市供水、排水及污水处理以及其他相关的水务当作重要的公益事业来对待。①

香港自来水生产投资的资金全部来自香港政府，政府税收的 8% 用于自来水建设。香港供水的收入主要有水费、按水量设施规定征收的有关费用、新登记用户的押金利息等，供水的收入直接进入政府财政。供水的成本主要是运行成本，包括员工的工资、原水费用、管理费用、经营费用和设备折旧等。水务署向政府各机构免费供水，但在计算水费账目时，他后把这个计算在应得收入内。水务署所有支出都于上一年提出预算，经政府审核批准后拨付，具体收入和支出内容如图 3-4 和图 3-5 所示。

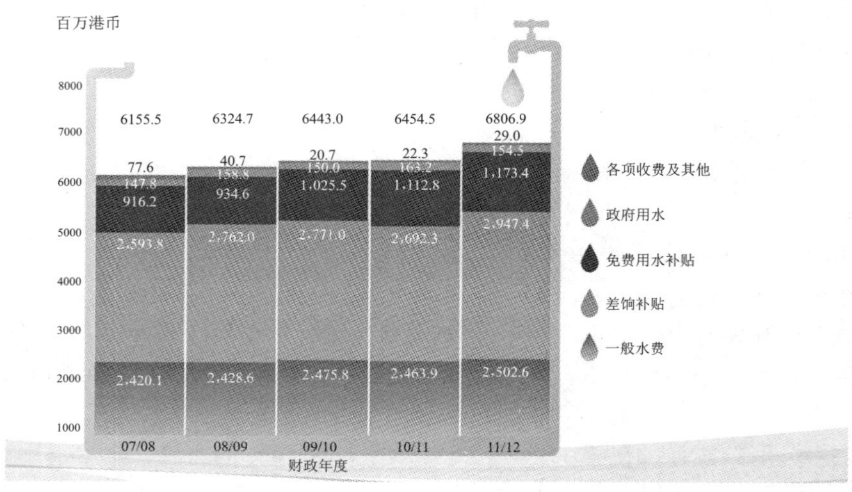

图 3-4　香港水务署年度收入

数据来源：香港水务署年报（2011—2012年度）

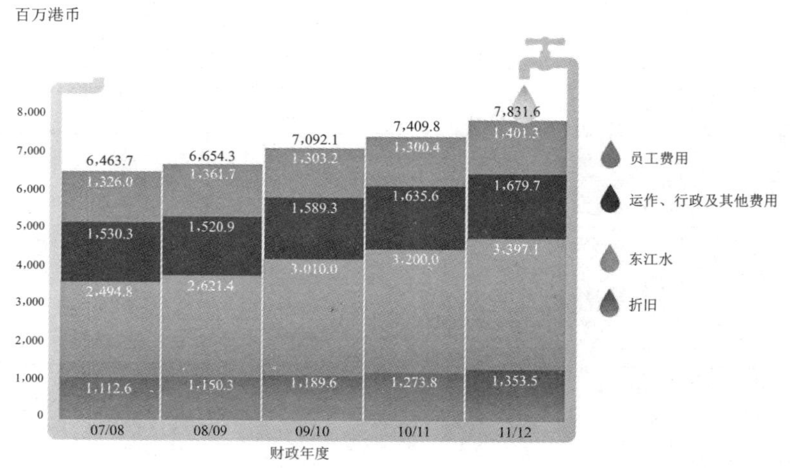

图 3-5　香港水务署年度开支

数据来源：香港水务署年报（2011—2012年度）

① 参见香港水务署年报（2011—2012 年度）。

根据水务署的统计，2010 年香港水务署总资产为 398 亿港元，水费及其他收入为 25 亿港元，扣除政府各种项目的 38 亿补贴后，亏损 64.9 亿港元。香港最近的水价调整在 1996 年，至今未再变化。这些年间商品物价、人工成本及固定资产均有增长，这也造成了水务署的供水工作的经济负担。虽然水务署近年来提出的水价调整计划因为诸多原因没有被批准，但是香港政府依然支持水务署提出的水厂改扩建、管网升级、海水淡化以及节水计划等的项目，并鼓励水务署提出具有战略意义的超前规划方案。

第四节　投融资模式总结

通过对发达国家和地区的供水投融资模式的比较，我们不难发现，水务投融资模式会受到国家和地区的历史习惯、经济条件、资本市场、基础条件和实际情况等多方面因素的影响，而且任何一种投融资模式的兴起和成熟也不是一成不变的，而是复杂动态和一个长期演变的结果（表 3-4）。

供水投融资模式的经验对比　　　　**表 3-4**

<table>
<tr><th>国家或地区</th><th>模式特点</th><th>主要投资主体</th><th>主要股东</th><th>融资方式</th><th>融资对象</th><th>特点</th></tr>
<tr><td rowspan="2">英国</td><td rowspan="2">完全私有</td><td rowspan="2">私有水务公司</td><td rowspan="2">私人投资者</td><td>债务融资</td><td>债券市场</td><td rowspan="2">高负债、严监管全成本定价</td></tr>
<tr><td>股权融资</td><td>上市融资</td></tr>
<tr><td rowspan="6">法国</td><td rowspan="6">特许经营下的私有为主的混合模式</td><td rowspan="3">特许经营的私有水务公司</td><td rowspan="3">私人投资者</td><td>股权融资</td><td>资本市场</td><td rowspan="6">股权融资和债务融资并重，兼有政府财政补贴</td></tr>
<tr><td>债务融资</td><td>债券市场</td></tr>
<tr><td>项目融资</td><td>BOT 等</td></tr>
<tr><td rowspan="3">公有水务公司</td><td rowspan="3">市镇政府</td><td>政府补贴</td><td>政府</td></tr>
<tr><td>政府投资</td><td>各级政府财政</td></tr>
<tr><td>低息贷款</td><td>国家水基金</td></tr>
<tr><td rowspan="6">美国</td><td rowspan="6">公有为主的混合模式</td><td rowspan="4">市政当局所属的水务部门</td><td rowspan="4">地方政府</td><td>市政债券</td><td>公众</td><td rowspan="6">发达的资本市场和政府基金都提供了资金保障</td></tr>
<tr><td>州循环基金</td><td>州政府</td></tr>
<tr><td>杠杆债券</td><td>公众</td></tr>
<tr><td>政府资金</td><td>联邦政府</td></tr>
<tr><td rowspan="2">私人水务公司</td><td rowspan="2">私人投资者</td><td>股权融资</td><td>资本市场</td></tr>
<tr><td>债务融资</td><td>债券市场</td></tr>
<tr><td>荷兰</td><td>公有私营</td><td>公有水务公司</td><td>政府</td><td>债务融资</td><td>商业银行、养老基金、保险公司等</td><td>无政府补贴、全成本回收、透明财务、比较机制</td></tr>
<tr><td rowspan="2">日本</td><td rowspan="2">公有允许私营参与</td><td rowspan="2">公有水务企业</td><td>政府</td><td>政府投资</td><td>中央政府</td><td rowspan="2">依靠政府投资，国企成本较高、效率低下，民营化尚在尝试</td></tr>
<tr><td>私人投资者</td><td>项目融资</td><td>BOT,BOO 等</td></tr>
<tr><td>中国香港</td><td>公有外包</td><td>公有水务部门</td><td>政府</td><td>政府投资</td><td>政府财税</td><td>完全依靠政府财政，税务负担较重</td></tr>
</table>

尽管模式不尽相同，但我们可以看到它们的共同之处就在于，如有的学者观察到的，“作为公共事业的供水行业在提供外部性很强的公共服务时，其大规模的资金需求要求政府资金带动社会资金的投入，同时要保障市场机制的有效性和公众利益不受损害。”[①] 此外，这些国外的模式还有两个突出特点：

一、广泛吸引社会资金，满足投资需求的同时保证资金的稳定

如同其他基础设施投资一样，水务投资不仅沉淀资金规模大、效益回收期限长，而且还要不断追加投资以维持正常运转。在没有社会资金进入前，各国政府都面临着沉重的财政负担的问题。为了解决上述问题，很多国家、地区都选择了借助社会资本。

英国的经验是私有化改革，把公共的地区水务局转型为流域性水务公司，企业改组后通过上市发行股票进行融资。这样政府就把投融资责任转移给水务公司，在核定水价时，政府则将投融资成本计入水价中实行全成本定价。政府由此取消了对水务行业的补贴，从而减轻了自身的财政负担。

虽然美国的多数水务的资产为各地方的市政当局公共所有，但凭借其高度发达的资本市场，美国政府依然能吸引众多的社会资金投资水务。如前文所介绍的，美国政府有多样化的融资工具，比如市政债券和以州循环基金为基础发行的杠杆债券等。此外，美国还存在一定比例的私人水务公司，他们在水务市场上自然也会遵循市场机制进行融资。美国政府也有一些鼓励性的措施，比如按照资本或技术比重获取收益等，鼓励社会资本参与水务投资。

法国的经验做法是委托管理，通过合同把部分投资责任和水务运营的财务转移给受委托公司。至于水务项目的资金回收，政府遵循全成本补偿原则，从水费中征收以补偿成本。

水务行业投资需求大，各国在引入市场机制前都存在投资不足的问题，在社会资本进入后，缓解了政府投资的压力。因此，各国政府都意识到社会资本重要作用，在缓解政府财政压力的同时，提升供水服务的安全性与可靠性，促进了水务业的健康发展。

二、融资渠道多样，融资成本低廉

上述一些国家和地区，特别是金融市场发达的地区的重要做法就是鼓励国内水务企业上市，通过公开发行股票筹集资金以壮大资金来源渠道。这种股权融资的优点在于没有到期还本付息的压力，具有权益资本的特点，对于水务投资较为适宜。其另一个优点面是上市公司可以直接向公众募集资金，募集的对象包括个人投资者、国内外的大企业、其他机构投资者以及各类基金（如基础设施基金、养老金基金等）。公募基金拓宽了水务行业融资渠道、扩大了水务公司融资规模。同时，水务公司较为固定的现金流也增强了追求稳定收益的投资者的投资信心。

债务融资也是水务融资的一个重要渠道。与股份融资相比，债务融资的成本更加低廉，要求的收益率也更低，因此适用更广泛。比如英国的水务公司就有多样化的债务融资方式，包括可转债、长期固定收益债券、次级债券等。美国的水务公司可以在债券市场上发行债券，地方政府也可以发行市政债券、联邦循环基金也可以发行杠杆债券等的金融衍生品。在法国，

① 白金燕．国外水务产业投融资经验及对我国的启示 [J]. 经济师，2011（1）.

水务公司还可以通过项目（如 BOT 等）融资的方式获得长期贷款。

需要注意的是，我们要认识到债务融资的风险，如果债务规模过大就会降低水务企业财务的灵活性，甚至导致财务危机，一些特别债务融资条款甚至可以规定由债权人来接管。显然，过高的债务水平不但会影响水务企业的正常经营，甚至还会影响到水务服务的安全，存在潜在风险，损害公共利益。[①]

总之，成熟的资本市场是降低融资成本、扩大融资规模的重要条件。但各个国家和地区在水务融资方面也采用了不同方式。除英国完全按照全成本进行价格核定和征收税费外，美国与法国无法执行全成本水价时，仍然要借助政府补贴来弥补成本。因此，即便是在一个成熟的市场经济环境中，当水务行业进行市场化的运作时，政府的财政补贴还是必要的补充，不能忽视。

① 中国华禹水务产业投资基金筹备组编著．中国城市水务改革发展研究报告——水务产业投资基金与城市水务未来 [M]. 北京：中国环境科学出版社，2007.

第四章　供水企业资金缺口测算和分析

水的生产与供应主要分为进水、制水与排水三个环节，与之对应，现行水价也主要由水资源费、自来水生产价格与污水处理费构成。其中，水资源费作为开发利用水资源和水管理的专项资金，依据2006年国务院公布的《取水许可和水资源费征收管理条例》，向直接取水的各类供水企业全面开征。水资源费按取水量计征，由供水企业代扣代缴，并全额上缴政府财政。此外，自来水生产价格也称为自来水价格，是指供水企业关于制水成本的价格回收。一般而言，自来水生产价格主要包括原水价格、运营价格与税费支出价格，并且三者之间的比例近似为2∶7∶1，最终该部分形成的收入直接作为供水企业的营业收入。

第一节　城镇供水价格管理体制概述

一、城镇供水价格管制的历史背景

我国城镇供水具有公益性特征，居民生活用水的管制价格位于低价格水平。新中国成立后到1965年之间，我国实行的是无偿供水政策，城镇供水属于完全公益性质，不收取水费。1985年，国务院颁布《水利工程水费核定、计收和管理办法》，明确了供水是一种有偿服务行为，不再是完全公益性质，而水费则定位为行政事业性收费。1997年始，水利工程供水价格开始纳入了国家商品价格管理体系，多地将“水费”称谓改为“水价”，并转为经营性收费管理。至此，各地供水价格水平进入上升通道，水价改革的市场化进程不断加深。

但城镇供水的公益性特征依然存在，无论水费还是居民用水价格都确定在供水成本之下。尽管1997年后水价进入上升通道，但依然低于人均收入增速，水价始终保持在低水平。这种低水平的管制价格已经为居民用户所接受并将低水价纳入预期，加大了政府放松水价管制的阻力。考虑到城镇供水的公共性、公益性以及生活必需性，政府对于城镇供水价格的管制更多受到了企业成本以外的非经济因素影响。

二、城市供水的自然垄断特征下的政府管制水价

对于自然垄断行业，企业的边际生产成本MC持续低于平均生产成本AC，导致平均成本随着产量的增长而持续下降（图4-1）。自然垄断条件下，单一企业生产所有产品的成本要低于多个企业生产同量产品的成本之和。因此对于自然垄断行业，一家企业垄断提供产品和服务是最优选择。

但垄断将会导致企业寻求垄断利润，在缺乏政府干预的情况下，可能会导致自然垄断企业寻求垄断价格P_m，导致产品提供不足。因此自然垄断行业通常需要政府干预，价格管制是政府干预的主要形式之一。政府对自然垄断企业的价格管制可以着重分析两个

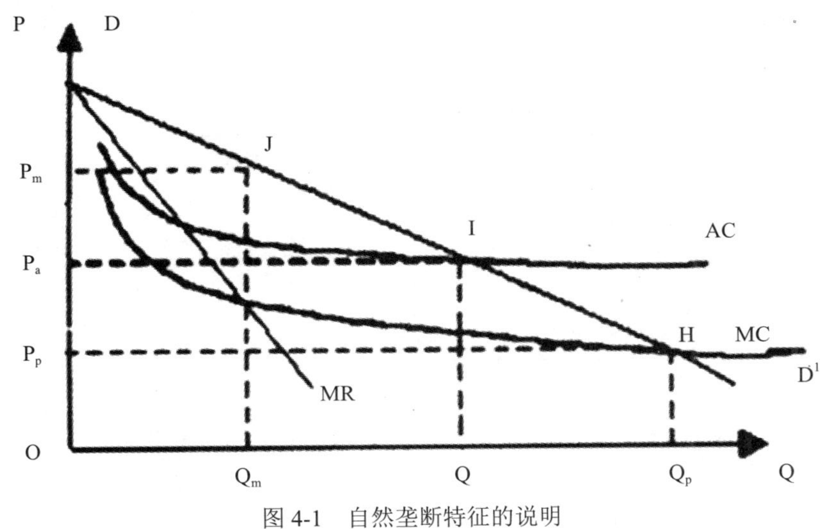

图 4-1　自然垄断特征的说明

价格水平，即 P_a 与 P_p 水平。在 P_a 价格水平时，价格等于企业平均成本，企业的总体成本与收益持平。在 P_p 价格水平时，企业边际收益等于边际成本，在该价格水平以上（低于 P_a 价格水平）企业会持续生产，但无法弥补前期成本，该种价格水平需要政府对企业予以补贴。

城市供水行业是典型的自然垄断行业。供水行业的自然垄断特征在供水管道系统上体现得尤为明显，在供水管网等基础设施铺设完成后，供水用户增加带来的边际成本与前期投资相比低微，在一定供水范围内，一家供水企业提供供水服务的成本要低于多家企业提供。也因此，为了防止供水企业利用自然垄断优势寻求垄断利润，避免企业提供高价位供水服务，需要政府干预，对企业实施价格管制。

三、自来水价格增长幅度低于水资源费和污水处理费

近年来供水企业要求水价调整的呼声日益高涨。从全国范围来看，不只是北京、上海、广州、深圳等一线大城市有涨价的压力，兰州、长沙、洛阳、宁波、大同等二三线城市也同样如此。因此，水价听证会上的讨论方案不是“涨不涨”的问题，而是“涨多少”的问题。2009 年被称为“水价上涨年”，因为各地水价涨势在该年到达高潮，其中共有 18 个主要城市均调高了水价。其次，各地水价上涨速度很快。起初作为公共福利性质的城镇供水，水价维持在 0.1 元 / 吨左右，而水的商品属性要求水价体现其市场价值。以北京市的综合水价为例，自 1991 年北京市首次水价调整以来，北京市总共进行了 12 次调高水价，其中居民用水价格从 1991 年之前的 0.12 元 / 吨，增加到 2014 年的 5 元 / 吨（一级阶梯水价），大约上涨了 42 倍。这种涨势是在传统“福利水”不能适应市场化趋势的情况下的补救措施，缓解了城镇供水的成本倒挂问题。

但是，在综合水价的总体涨势中，水资源费与污水处理费的涨势分担了主要角色，而自来水生产价格的涨势则相对不足。还是以北京市为例，自 2002 年北京市全面开征水资源费以来，北京市居民生活用水价格总共调高了 5 次，总体价格增长 150%，其中水资源费增长 423.3%，污水处理费增长 330%，而自来水水价仅增长 29.4%；就历次调整而言，自来

水价格的增速远远小于综合水价、水资源费以及污水处理费的增速，期间还出现了零增长（表 4-1）。

2002—2014 年北京市居民生活用水价格调整　　表 4-1

时间	总体水价（单位：元）	增速	自来水水价（单位：元）	增速	水资源费（单位：元）	增速	污水处理费（单位：元）	增速
基期	2	—	1.6	—	0	—	0.4	—
2002 年	2.4	20.0%	1.6	0.0%	0.3	—	0.5	25.0%
2003 年	2.9	20.8%	1.7	6.2%	0.6	100.0%	0.6	20.0%
2004 年	3.7	27.6%	1.7	0.0%	1.1	83.3%	0.9	50.0%
2009 年	4	8.1%	1.7	0.0%	1.26	14.5%	1.04	15.6%
2014 年	5	25.0%	2.07	21.8%	1.57	24.6%	1.36	30.8%

资料来源：笔者根据相关文献资料整理。

四、水价形成的供水资金越来越多

水价中的水资源费与自来水生产价格可以转化成供水资金。其中，水资源费早在 1980 年就已向工矿企业开征，2006 年征收范围进一步扩大，目前已经涵盖全国 31 个省（自治区、直辖市）。据统计，1998—2005 年全国共征收水资源费 170.53 亿元，且呈逐年增长趋势，年平均增长率为 26.97%。此外，自来水生产价格也逐渐充实了供水企业的可支配资金。

表 4-2 是 2012 年全国部分地级市及直辖市的自来水生产价格（部分地级市数据缺失，仅保留 281 个城市），内含自来水价格与综合水价（含污水处理费的水价），其中测算水价只为自来水价格。根据“加权平均价格 =（单个城市价格 × 单个城市生活用水量）/ 样本城市用水量总和”的公式，可以计算出 2012 年中国城市加权平均自来水生产价格为 1.69 元 / 吨，与此同时，2012 年中国城市生活供水总量为 257.2 亿吨，因此直接进入供水行业的水价收入为 436 亿元。随着水价的逐渐上涨，水价带来的供水资金也会越来越多。

2012 年中国 281 个地级市及直辖市供水量及供水价格　　表 4-2

城市名称	供水总量（万吨）	自来水价格（元）	城市名称	供水总量（万吨）	自来水价格（元）
北京市	63068	1.7	菏泽市	1921	2.11
天津市	22353	1.7	滨州市	2126	1.6
上海市	96993	1.45	郑州市	13382	1.6
重庆市	42329	2.5	洛阳市	5936	1.65
石家庄市	6590	2.38	平顶山市	3140	0.43
唐山市	6093	2.07	安阳市	2116	1.6
邯郸市	5265	2.35	新乡市	2757	1.75
邢台市	1529	2.35	焦作市	2031	1.2

续表

城市名称	供水总量（万吨）	自来水价格（元）	城市名称	供水总量（万吨）	自来水价格（元）
保定市	3221	2.45	许昌市	1570	2.05
沧州市	1121	2.5	三门峡市	924	0.7
廊坊市	1724	2.45	商丘市	1902	0.85
衡水市	993	1.9	南阳市	2093	0.9
秦皇岛市	3729	2.6	周口市	869	1
张家口市	2187	1.8	开封市	1561	1.35
承德市	2229	2.2	鹤壁市	1546	1.4
太原市	12597	2.3	濮阳市	1376	1.6
长治市	3671	2.1	漯河市	1640	1.6
晋城市	942	1.6	信阳市	1848	1
晋中市	894	2.1	驻马店市	1235	1
忻州市	930	1.5	武汉市	44624	1.52
临汾市	1215	1.9	鄂州市	3428	1.25
运城市	815	2.9	黄石市	4459	1.48
吕梁市	366	2.2	十堰市	3925	1.05
大同市	3536	2.2	荆州市	3439	1.3
阳泉市	2196	2	宜昌市	3726	1.44
朔州市	1144	2	襄阳市	6041	1
通辽市	864	1.5	荆门市	2573	1.62
呼伦贝尔市	553	1.85	孝感市	1691	1.52
乌兰察布市	588	2.85	黄冈市	1821	1.46
呼和浩特市	2353	2.35	咸宁市	1311	1.07
包头市	3228	1.95	随州市	1900	1.2
乌海市	3600	1.35	长沙市	29243	1.53
赤峰市	2077	1.8	株洲市	6635	1.61
鄂尔多斯市	1340	3.5	湘潭市	3370	1.57
巴彦淖尔市	1200	3.05	衡阳市	7812	0.98
沈阳市	19035	1.8	邵阳市	3091	1.55
大连市	9872	2.3	岳阳市	6865	1.85
鞍山市	3305	1.9	益阳市	2028	1.38

续表

城市名称	供水总量（万吨）	自来水价格（元）	城市名称	供水总量（万吨）	自来水价格（元）
丹东市	1780	0.8	常德市	3136	1.42
锦州市	2926	1.94	郴州市	2395	1.2
营口市	1839	2.15	怀化市	2208	1.67
辽阳市	1610	1.6	娄底市	3865	1.66
铁岭市	1215	1.95	永州市	1950	0.56
葫芦岛市	1773	2.04	张家界市	955	0.73
抚顺市	2702	1.65	广州市	87695	1.98
本溪市	1484	1.8	韶关市	3422	0.89
阜新市	2650	2.15	江门市	5787	1.34
盘锦市	2272	1.85	湛江市	5302	1.41
长春市	8020	2.1	茂名市	2854	1.65
吉林市	4510	1.2	肇庆市	3381	1.1
四平市	832	1.8	梅州市	2028	2.32
通化市	635	2.5	汕尾市	1281	1.68
白山市	682	1.9	阳江市	2411	1
白城市	837	0.9	清远市	3298	1.08
辽源市	815	1.05	揭阳市	3045	1.15
松原市	2880	1.8	云浮市	1116	1.5
哈尔滨市	14858	2.4	深圳市	52163	2.3
齐齐哈尔市	3030	2.2	珠海市	9629	1.74
鸡西市	4590	0.9	汕头市	12686	1.6
伊春市	1890	1.5	佛山市	19454	1.3
佳木斯市	3608	1.4	惠州市	8519	1.5
牡丹江市	1888	2	潮州市	3481	1.6
鹤岗市	954	1.2	中山市	6232	1.6
双鸭山市	1100	1.1	东莞市	39628	1.4
大庆市	9546	1.5	河源市	2433	1.05
七台河市	679	1.2	梧州市	1895	1.18
无锡市	13499	1.9	防城港市	1022	0.76
徐州市	5308	1.73	玉林市	3054	1.53

续表

城市名称	供水总量（万吨）	自来水价格（元）	城市名称	供水总量（万吨）	自来水价格（元）
常州市	8507	1.72	贵港市	1634	1.04
苏州市	17100	1.85	来宾市	2020	0.75
南通市	8683	1.58	崇左市	751	0.78
盐城市	3623	1.35	河池市	1644	1.66
扬州市	5982	1.9	南宁市	20563	1.48
镇江市	3810	1.31	柳州市	9229	0.84
泰州市	2408	1.94	桂林市	5274	1.47
南京市	31389	1.68	北海市	2317	1.19
连云港市	2258	1.9	钦州市	2417	0.6
淮安市	10794	1.8	百色市	1993	1.58
宿迁市	1759	2.04	贺州市	1182	1.28
杭州市	22384	1.35	海口市	8786	1.6
宁波市	13305	2.4	三亚市	2960	1.35
温州市	10338	2.2	成都市	46336	1.74
嘉兴市	2067	1.6	德阳市	2603	1.8
绍兴市	2406	1.7	绵阳市	5218	1.95
金华市	2503	1.8	资阳市	1067	2.11
衢州市	1466	1.3	乐山市	2272	1.45
台州市	6170	1.95	南充市	3550	1.37
丽水市	1662	1.35	达州市	1954	1.59
湖州市	3491	1.85	广安市	810	1.7
舟山市	1746	2.2	自贡市	2428	1.825
安庆市	2591	1.26	攀枝花市	3150	1.43
阜阳市	2540	1.06	泸州市	3080	1.9
滁州市	1341	1.4	广元市	1574	1.2
宣城市	1021	1.05	遂宁市	1455	1.28
合肥市	15312	1.55	内江市	1499	1.25
芜湖市	5387	1.37	宜宾市	2328	1.8
蚌埠市	3572	1.33	雅安市	983	1.3
淮南市	3751	1.33	眉山市	1864	2.1

续表

城市名称	供水总量（万吨）	自来水价格（元）	城市名称	供水总量（万吨）	自来水价格（元）
马鞍山市	3509	1.3	巴中市	937	1.35
淮北市	1259	1.07	贵阳市	13203	2
铜陵市	2812	1.13	遵义市	3326	0.25
黄山市	1208	0.9	六盘水市	1301	1.7
亳州市	1225	0.96	安顺市	1083	2.3
宿州市	2007	0.53	昆明市	12717	2.45
六安市	1854	1.2	曲靖市	1708	2.2
池州市	1057	0.56	玉溪市	1302	2.3
福州市	12075	1.7	昭通市	1035	1.5
三明市	1583	1.2	丽江市	691	2.4
泉州市	6134	1.65	保山市	638	0.7
漳州市	2386	1.34	普洱市	625	1.7
南平市	1255	1.25	临沧市	518	1.1
龙岩市	1199	0.85	拉萨市	3441	0.6
宁德市	1187	1.3	咸阳市	3212	1.73
厦门市	11867	1.8	渭南市	800	2.1
莆田市	2357	1.6	西安市	19945	2.25
景德镇市	2501	1.1	铜川市	856	1.98
九江市	2834	1.16	宝鸡市	2873	2.08
鹰潭市	712	1.01	延安市	663	2.46
赣州市	2691	0.75	汉中市	1083	1.5
上饶市	1126	1	榆林市	753	1.85
吉安市	1270	0.8	商洛市	420	2.05
宜春市	2306	1.04	安康市	716	1.85
南昌市	11226	1.18	酒泉市	768	1
萍乡市	1400	1.5	兰州市	10133	1.75
新余市	2128	1.4	嘉峪关市	447	0.78
抚州市	2294	1.4	金昌市	734	2.37
济南市	12018	2.25	白银市	3720	1.62
青岛市	10049	1.8	天水市	1799	1.1

续表

城市名称	供水总量（万吨）	自来水价格（元）	城市名称	供水总量（万吨）	自来水价格（元）
枣庄市	2715	1.3	武威市	767	1.1
烟台市	3858	2.2	张掖市	820	0.5
潍坊市	3852	1.8	平凉市	451	1.4
济宁市	2313	1.25	庆阳市	433	1.3
泰安市	1924	2.3	定西市	214	1.2
德州市	1769	1.4	西宁市	5856	1.3
威海市	1470	2.05	银川市	5104	1.8
聊城市	2199	1.73	吴忠市	674	0.5
淄博市	5068	2.55	石嘴山市	959	1.6
东营市	1994	1.4	固原市	270	1.4
临沂市	6067	0.82	中卫市	217	0.45
莱芜市	1655	1.92	乌鲁木齐市	12942	1.36
日照市	1298	2.11			

数据来源：2013城市供水统计年鉴。

水价收入的分配结构是政府与供水企业共享综合水价收入。在各地的水价构成中，直接属于供水企业的自来水生产价格与属于政府财政的水资源费、污水处理费几乎各占一半，甚至后者的比重还要大。水资源费、污水处理费上缴政府财政后，供水企业必须通过申请才能获得，由于行政成本的存在，大约仅有 60% ～ 70% 的上缴资金最终转化为供水资金，这也意味着损耗了 15% ～ 20% 的水价资金。此外，就水价各部分的涨势而言，水资源费、污水处理费的增速远远大于自来水生产价格的增速，因此水价资金的损耗越来越大。同时，因为水资源费、污水处理费的超速增长，无形中还增加了供水企业的资金损耗。例如，水资源费按照取水量计征，即在供水企业的原水进水环节就要提前承担水资源费，而供水企业依据实际供水量向用户收取，生产运营过程中的损耗及其水资源费全由供水企业承担。在既定的产销差率下，随着水资源费征收标准的提升，供水企业所承担的额外水资源费也越来越多。因此，水价收入的现行分配结构不利于供水企业，同时也降低了水价收入转化为供水资金的效率。

第二节　资金缺口测算

在政府对城镇供水行业的价格管制下，水价低于市场价格水平的，产生成本倒挂，使得供水行业运营中形成巨大的资金缺口。以下部分是对城镇供水行业的成本进行分析，并测算出全国范围供水企业运营的资金缺口。

一、数据来源

城镇供水成本所用数据来自中国城镇供水排水协会编制的《城市供水统计年鉴（2013）》中的全国630个建制市上报的售水量与单位售水成本，在计算中使用各省份的单位加权平均成本。考虑到年鉴信息的滞后以及部分建制市数据缺失，水价信息根据《城市供水统计年鉴》、中国水网以及各市政府机关及供水公司公开数据整理中的现行基本水价。用水量需求影响因素的分析采用分省面板数据，数据为2003年—2012年的各省、自治区及直辖市的城镇居民生活用水总量、城市生活用水人口、供水生产能力、水资源量以及人均生活用水情况。数据来源为中经网公开数据。

二、分省城镇供水成本统计分析

从城镇供水成本影响因素分析来看，供水企业具有规模效应。供水企业供水负荷主要受到当地用水需求的影响，并不取决于供水企业自身意愿。供水企业供水能力主要受到城镇供水基础设施的扩建与水厂设施改造升级，而供水企业改造升级需要资金支持。根据《城市供水统计年鉴2013》统计的630多个建制城市的财务数据，2012年全国共351家供水企业亏损，亏损额共计47.05亿元，共279家供水企业盈利，净利润26.81亿元，全国亏损企业达供水企业总数的55.71%，大部分供水企业不具有设施改造升级的资金能力。

从分省加权平均成本与居民用水价格统计情况看，城镇供水成本相对于居民用水价格的倒挂现象具有普遍性，具体结果参见表4-3。

分省（自治区、直辖市）加权成本与居民用水价格　　表4-3

区域	省（自治区、直辖市）	分省加权水价	分省加权单位成本	成本倒挂差额
东部	北京	1.70	2.31	−0.61
	天津	1.70	4.38	−2.68
	河北	2.30	2.81	−0.51
	上海	1.45	2.17	−0.72
	江苏	1.74	1.80	−0.06
	浙江	1.83	1.98	−0.15
	福建	1.62	1.71	−0.09
	山东	1.84	2.95	−1.11
	广东	1.77	1.77	0.00
	海南	1.54	1.79	−0.25
中部	山西	2.17	2.47	−0.30
	安徽	1.29	1.64	−0.35
	江西	1.14	1.24	−0.10
	河南	1.39	2.28	−0.89

续表

区域	省（自治区、直辖市）	分省加权水价	分省加权单位成本	成本倒挂差额
中部	湖北	1.42	1.51	－0.09
	湖南	1.47	1.65	－0.19
西部	内蒙古	2.07	2.92	－0.85
	广西	1.26	1.33	－0.07
	重庆	2.50	2.96	－0.46
	四川	1.70	1.83	－0.13
	贵州	1.69	2.44	－0.75
	云南	2.25	2.43	－0.19
	西藏	1.00	1.48	－0.48
	陕西	2.13	2.25	－0.13
	甘肃	1.54	2.97	－1.43
	青海	1.30	1.56	－0.26
	宁夏	1.60	2.18	－0.58
	新疆	1.36	1.50	－0.14
东北	辽宁	1.90	2.66	－0.75
	吉林	1.74	3.11	－1.37
	黑龙江	1.79	3.66	－1.87

资料来源：根据《城市供水统计年鉴2013》、中国水网以及各市政府机关及供水公司公开数据整理。

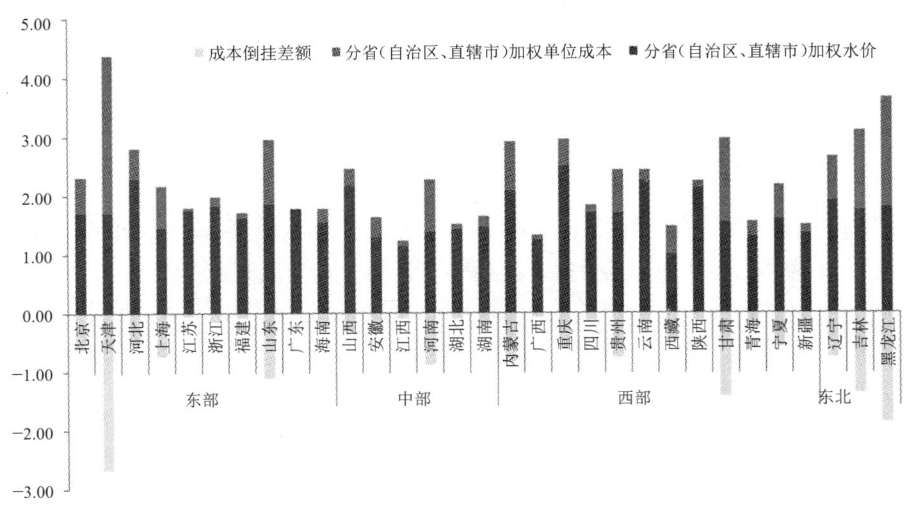

图 4-2　分省（自治区、直辖市）供水加权成本与居民用水价格比较

资料来源：根据《城市供水统计年鉴2013》、中国水网以及各市政府机关及供水公司公开数据整理

政府管制水价是导致当前供水企业大面积亏损的主要原因之一。低水平的居民用水管制价格造成供水企业成本倒挂，这一方面制约了供水企业盈利能力，使供水企业难以通过自身能力实现改造升级；另一方面也抑制了水务投融资对私有资本的引入。

三、用水量刚性需求将加大成本倒挂带来的运营缺口

从前文对各省（自治区、直辖市）生活供水成本情况分析来看，成本倒挂是个较为普遍的现象。这种情况下，城镇供水企业面临的用水需求越大，生活供水方面的运营缺口也将越大。本节拟采用面板数据对分省用水量影响因素进行分析，结合各影响因素的发展趋势，对未来城镇供水企业运营缺口进行判断。

（一）面板回归模型结果

在用水量回归分析时，观察经济发展情况（GDP）、供水能力（SCNL）、用水人口（YSRK）、水资源量（SZYL）、居民节水情况（RJYS）等影响因素，选取城镇生活用水总量作为因变量，选取 GDP 作为考察经济发展情况的变量，选取人均日生活用水量考察居民节水情况。用面板数据线性回归模型进行分析，对因变量与各自变量取对数，考虑时间效应，模型回归结果如表 4-4 所示。

用水需求量影响因素分析　　表 4-4

变量	系数	标准误	Z 值
Log（gdp）	0.4372***	0.0134	32.59
Log（Scnl）	−0.2656***	0.0394	−6.74
Log（Ysrk）	0.7904***	0.0450	17.59
Log（Szyl）	−0.0021	0.0058	−0.37
Log（Rjys）	0.9311***	0.0489	19.06
R^2：0.8286 Wald chi2: 29337.13 P 值 <0.001			
是否考虑面板时间效应：YES			

注：*** 表示 1% 水平下显著，** 表示 5% 水平下显著，* 表示 10% 水平下显著。

从面板模型回归结果看，经济发展程度与用水需求量呈正相关，GDP 每增长 1%，用水需求量增长 0.44%；用水人口与用水需求量正相关，城镇人口规模增长带来区域城镇生活用水的刚性增长；我国各省份用水需求量与当地水资源总量并不显著；此外，人均用水量与用水需求量正相关，人均用水量提高 1%，用水需求量增加 0.93%，说明居民节水行为对于用水需求量的规模控制就有重要作用。

（二）相关因素将导致用水需求量刚性增长

根据模型结果分析，经济发展程度、城镇用水人口规模、人均用水情况等因素对用水需求量呈正向影响。从经济发展程度看，虽然我国目前面临复杂经济环境，经济增速下降，但经济总量预期仍将保持中高速增长，因此仍将支撑用水需求量的刚性增长。从用水人口

规模分析，城镇化进程必然导致城镇用水人口长期稳定增长，也将支撑用水需求量。因此，居民节水行为对于用水需求量的判断将至关重要。

观察各省份人均日生活用水量的历史趋势。其中，省际人均水量的历史趋势差异较大，2006 年—2011 年的人均用水量趋势图见图 4-3。

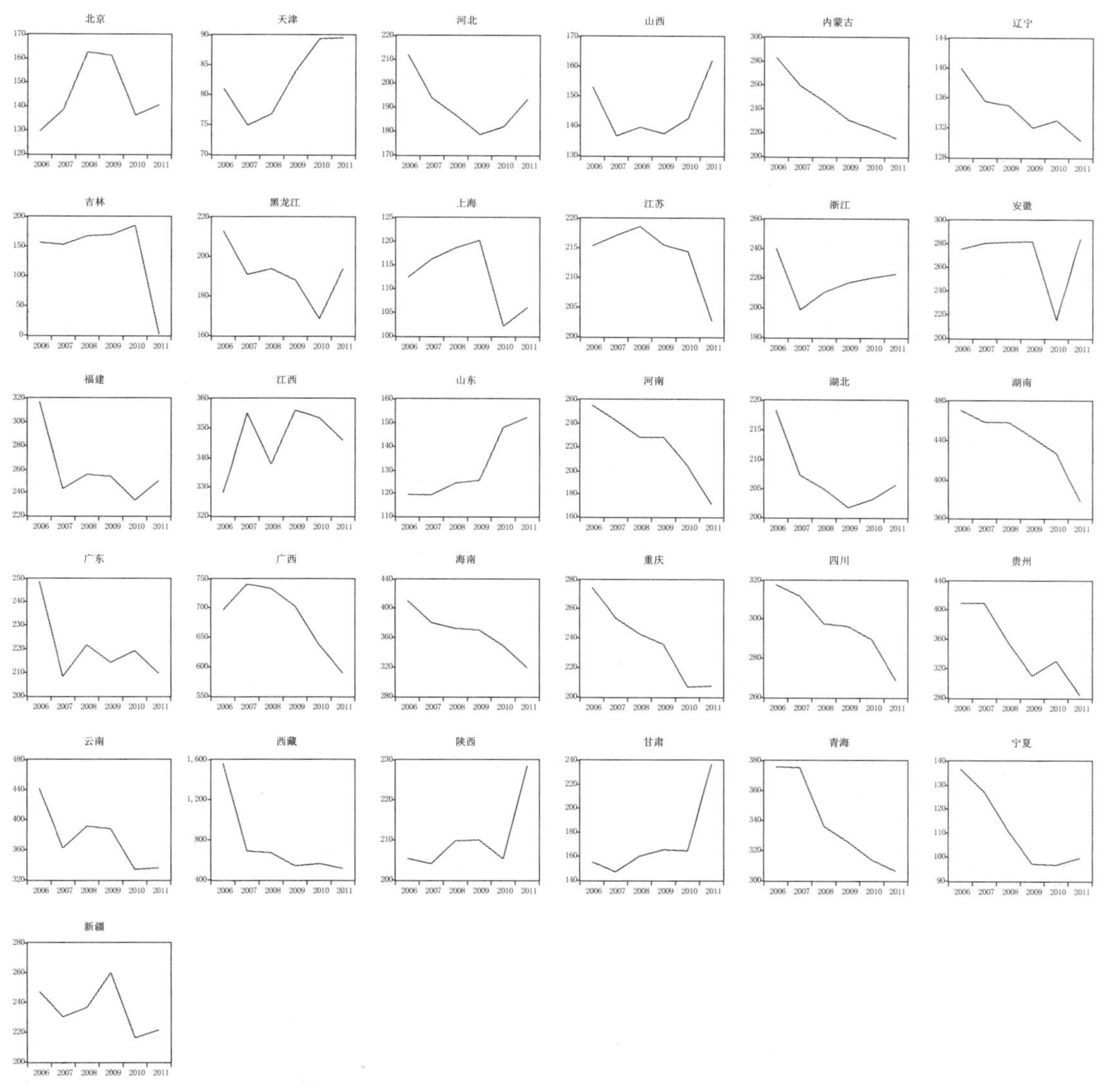

图 4-3　2006—2011 年分省（自治区、直辖市）人均用水量趋势图

如图 4-3 所示，2006—2011 年间，全国约 20 个省（自治区、直辖市）的人均用水量呈现下降趋势，6 个省（自治区、直辖市）人均用水量总体呈上升趋势（天津、山西、浙江、山东、陕西、甘肃，上述 6 省（自治区、直辖市）人均用水量的提高需要区别对待，东部省份如天津、浙江、山东等可能是由于消费升级导致的人均用水量需求增加，而陕西、甘肃可能是由于水务建设发展，城镇供水普及带来的消费改善所致），其余省（自治区、直辖市）人均用水量波动较大（如河北、黑龙江、安徽、江西、新疆等），趋势不明显。

从分省情况看，各地人均用水量水平差异较大，但总体呈下降趋势，该趋势从全国人均日生活用水量的趋势上更为明显。图 4-4 为全国城市居民人均用水量趋势图。从全国城市居民人均用水量走势看，2000 年～ 2012 年间，人均用水量呈下降趋势，2008 年后趋势减缓，并最终稳定在 62 吨。说明以节水行动减缓用水需求量增长态势的效果将随着人均用水量的下降而逐步降低。综上，相关因素将导致用水需求量刚性增长，在现行供水管制价格体制下，城镇生活用水的运营资金缺口将加大。

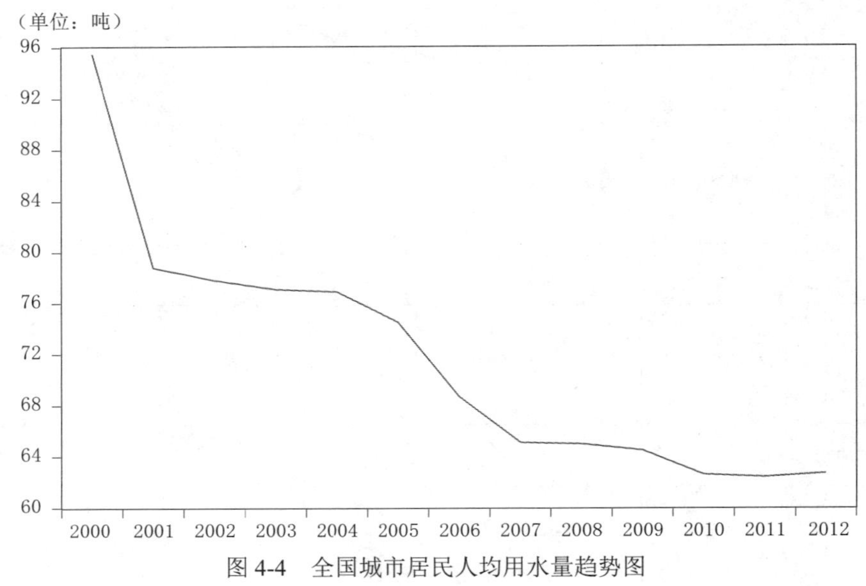

图 4-4　全国城市居民人均用水量趋势图

第三节　城镇供水成本影响因素分析

一、数据来源

城镇供水成本影响因素分析采用的来自 28 个城市的城镇供水价格监审报告的数据，单日最高供水能力、年供水总量、管道长度、管网漏损总量、工资总额、员工人数等各省区汇总数据来自中国经济社会发展统计数据库。

二、城镇供水成本分析模型构建与回归分析

城镇供水成本可划分为制水成本、输配成本和期间费用三部分。所谓制水成本，主要涉及原水成本、原材料成本、动力成本及制水职工薪酬等；所谓输配成本，主要涉及了管道维护、动力费、职工薪酬等因素；所谓期间费用，主要由管理费用、销售费用、财务费用构成，与企业规模和管理水平密切相关。制水成本会受到水厂规模的影响，可能具有规模效应；输配成本可能受到管道长度和管网漏损率的影响；工资水平和员工人数反映了企业的用工成本，而员工人数还可能影响到企业的期间费用。综上，模型拟设定如下：

$$\ln(\mathrm{cb}_j)=\beta_0+\beta_1\cdot\ln(nl_j)+\beta_2\cdot\mathrm{fhl}_j+\beta_3\cdot\ln(gd_j)+\beta_4\cdot\mathrm{lsl}_j+\beta_5\cdot\ln(gz_j)+\beta_6\cdot\ln(rs_j)+\varepsilon_j$$

cb_j 表示 j 省单位加权平均成本，nl_j 表示 j 省单日最高供水能力，fhl_j 表示 j 省供水负荷，

gd_j 表示 j 省管道长度，lsl_j 表示 j 省管网漏损率，gz_j 表示 j 省工资水平，rs_j 表示 j 省从业人数。

$cb=(\Sigma ssl_i \cdot scb_i)/\Sigma ssl_i$

$fhl=(gsl/365)/nl$

$lsl=ls/gsl$

$gz=w/rs$

ssl_i 表示某省 i 市售水量，scb_i 表示某省 i 市单位供水成本，gsl 表示某省年供水总量，ls 表示某省年管网漏损量，w 表示某省供水企业工资总额。变量描述统计情况如表 4-5 所示：

变量描述统计　　**表 4-5**

变量	样本量	均值	标准差	最小值	最大值
成本（cb）	31	2249.336	725.4762	1239.171	4376.256
供水能力（nl）	28	593.9461	544.8419	75.15	2423.41
供水负荷（fhl）	30	0.6398	0.1328	0.3096	1.063
管道长度（gd）	31	15531.58	17564.67	155.83	80638.84
漏损率（lsl）	27	17.113	5.129	8.3	30.61
工资水平（gz）	29	3802.562	1378.402	2171.126	7542.321
员工人数（rs）	30	10302	8294.343	248	31706

模型尝试探讨各解释变量的变化率对成本的影响，对成本、供水能力、管道长度、工资水平以及员工人数取对数进行回归，具体回归结果如表 4-6 所示：

供水成本模型分析结果　　**表 4-6**

变量	系数	标准误	T 值
ln(nl)	−0.5747	0.1765	−3.26***
Fhl	−1.2444	0.5621	−2.21**
ln(gd)	−0.0327	0.1802	−0.18
Lsl	0.0003	0.0097	0.04
ln(gz)	0.8022	0.0915	8.76***
ln(rs)	0.6259	0.0925	6.76***
R^2：0.9994，调整 R^2：0.9992，F：5234.84，P 值 <0.001			

注：*** 表示 1% 水平下显著，** 表示 5% 水平下显著，* 表示 10% 水平下显著。

模型的拟合优度 R^2 为 0.9994，F 检验的 P 值小于 0.001，模型拟合优度较高，经检验模型有效。根据模型回归结果，供水能力、供水负荷、工资水平、员工人数对于供水成本的影响统计显著，其中，工资水平、员工人数对供水成本具有正向作用，工资水平提高 1%，单位成本提高 0.8%，员工人数提高 1%，单位成本提高 0.63%。供水能力、供水负荷与对供水成本具有负向作用，供水能力提高 1%，成本下降 0.57%，供水负荷提高 1%，供水成本下降 1.24%。管道长度、管网漏损率对供水成本的影响不显著。

从模型的回归结果看，供水企业可以通过提高供水能力、增加水厂供水负荷以降低供水成本，表明城镇供水企业具有规模效应。而工资水平提高和员工人数增加都会增加供水成本。

第四节　小　结

一、城镇生活供水成本倒挂现象普遍，亟待改善供水价格形成机制

根据本章分析结果，城镇供水成本倒挂现象明显，导致自来水厂城镇居民供水业务运营资金缺口巨大，是计划经济福利供水残留的水价体系导致，阻碍了水务市场化的步伐，也影响了水务投融资的有效开展。栽得梧桐树，以待凤凰来，城镇供水投融资问题的解决，其根本在于形成一个灵活调整，能够反映市场资源配置的供水价格形成机制。

二、城镇供水投资不平衡，中西部及县域投资加速

单就当前水价体系下我国的城镇供水投融资情况而言，各地区的水务固定资产投资情况东部地区起步较中、西部更早，近年来水务投资向中、西部倾斜明显，尤以西部投资增长更快。就供水行业的固定资产投资隶属关系看，投资以地方项目为主，近年来县属项目占比居首，其他项目占比上升显著。就投资建设性质看，主要以新建、改建和扩建为主，改建占比提升，扩建占比下降。

三、政府在城镇供水融资中发挥重要作用

从融资角度分析，国家预算资金投入力度加大，外资规模减小，国内贷款总量受 2008 年末的四万亿经济刺激计划影响明显，融资主要依靠自筹资金，其中企事业单位自有资金总量稳定，自筹资金中地方自筹与部门自筹资金在近年来发挥了主要作用。总体来看，2008 年末的一揽子经济刺激计划对城镇供水行业的融资结构影响明显。

四、未来需要继续保持投融资力度

目前有关城镇供水设施改造与建设的全国性专项规划，为住房和城乡建设部 2012 年 5 月发布的《全国城镇供水设施改造与建设“十二五”规划及 2020 年远景目标》。从规划看，“十二五”期间的投资总量目标为 4100 亿元，从实际执行看规划目标超额完成。根据该规划的远景目标，至 2020 年，我国要基本形成与全面建设小康社会要求相适应的城镇供水安全保障体系，实现城镇公共供水全面普及，供水能力协调发展，供水水质稳定达标。为实现该目标，城镇供水行业投融资将从提升总量向补足短板转变。2016 年 11 月国务院发布的《“十三五”脱贫攻坚规划》提出，要巩固提升农村饮水安全水平，推动城镇供水设施向有条件的贫困村延伸，到 2020 年，贫困地区农村集中供水率达到 83%，自来水普及率达到 75%。为此，需要继续保持必要的投融资力度。

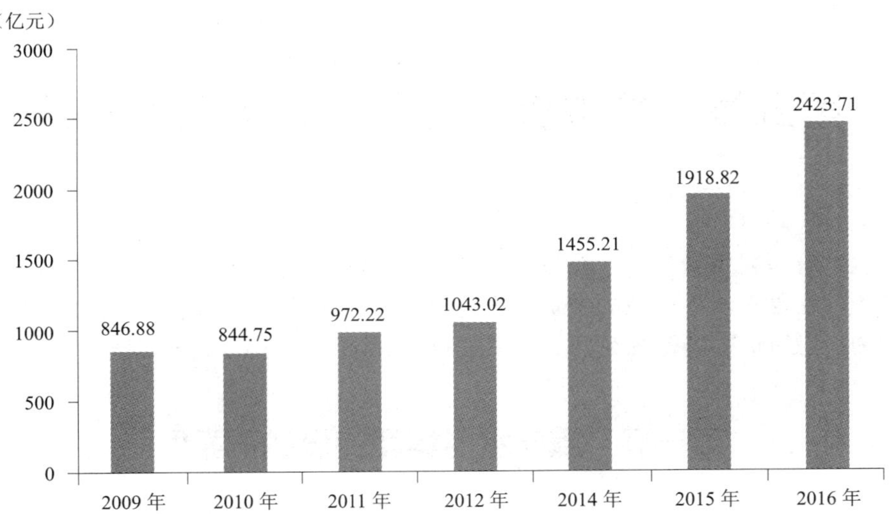

图 4-5　2009-2016 年全国自来水生产和供应行业固定资产投资完成额

资料来源：根据历年《中国固定资产投资统计年鉴》，其中2013年该行业数据缺失

第五章　城市供水行业投融资案例分析

城市供水行业投资具有一次性投资规模大、投资回收周期长的特点。而城市水务行业的投资特点，必然对水务行业的融资模式提出相应的要求。本章将对重庆水务集团与深圳水务集团的投融资情况进行案例分析，数据资料来源于调研和企业公开信息。

第一节　重庆水务集团的投融资案例

一、背景

（一）企业发展沿革

2001 年 1 月，重庆市政府以其全资持有的国有企业重庆市自来水公司、重庆市排水有限公司、重庆市公用事业基建工程处、重庆公用事业工程建设承包公司、重庆公用事业投资开发公司等权益出资设立的重庆市水务控股（集团）有限公司，属国有独资有限责任公司。2007 年 9 月，重庆水务集团股份有限公司成立。

重庆市水务控股（集团）有限公司的历次股权变更情况如表 5-1 所示：

重庆水务控股（集团）有限公司历次股权变更　　表 5-1

日期	事件	股东情况	相关文件
2001 年 1 月 11 日	公司成立	重庆市人民政府	
2004 年 5 月 14 日	股东变更	重庆市国资委	《关于办理市属企业国有资本出资人变更手续的通知》（渝国资 [2004]90 号）
2007 年 6 月 28 日	股权划拨：重庆市国资委将持有的重庆市水务控股（集团）有限公司 4 亿元股权（占截至 2007 年 3 月 31 日总股本的 7.28%）划转给重庆渝富资产经营管理有限公司[①]的全资子公司重庆苏渝投资有限公司（于 2007 年 8 月 14 日更名为“重庆苏渝实业发展有限公司”）持有	（1）重庆市国资委，持股比例为 92.72%；（2）重庆苏渝投资有限公司，持股比例为 7.28%	《关于重庆市水务控股（集团）有限公司股权划转有关问题的批复》（渝府 [2007]101 号）
2007 年 8 月 21 日	股权划拨：重庆市国资委将所持重庆市水务控股（集团）有限公司 85% 和 7.72% 的国有股权分别划转至重庆市水务资产经营有限公司和重庆苏渝实业发展有限公司	（1）重庆市水务资产经营有限公司，持股比例为 85%；（2）重庆苏渝实业发展有限公司，持股比例为 15%	《关于市国资委划转所持重庆市水务控股（集团）有限公司股权的批复》（渝府 [2007]127 号）

资料来源：重庆水务集团股份有限公司首次公开发行A股招股说明书。

① 重庆渝富资产经营管理集团有限公司成立于 2004 年 3 月 18 日，注册资本为人民币 100 亿元，是经重庆市人民政府批准组建的全国首家地方国有独资综合性资产经营管理公司，主要从事股权管理、产业投资、基金运营、资产收处、土地经营等业务。

该集团及其前身的资金运营情况大致经历了如下发展历程：

2000年，重庆公用事业管理局下属的自来水公司与市政管理局主城排水公司合并，组建重庆水务控股（集团）有限公司，撤销公用事业管理局。合并初期，集团资产3～4亿，资产负债率70%，利润基本持平，略微亏损，不具备市场运作条件。

2002年，重庆市自来水公司改革供水定价模式（水价1.25元/立方米，微亏），原有模式为供水企业向政府报价，价格确定后在持续期间内盈利水平逐渐向下，亏损后再次向政府请求调价，是一种亏损的调价模式。该种模式下，企业无力进行水务资产投资，新建水厂、管网投入由政府承担。2002年改革调价模式，亏损调价转变为给企业净资产收益率8%～10%的合理回报率（净资产回报率），如果达不到8%，几年内可以申请调价（当年水价由1.25元/立方米提高到2元/立方米）。这次定价调整使水务企业由长期微亏转为具有合理利润，解决了企业盈利问题。同年引进外资，与外方组建中法供水公司。

2003年，三峡库区污水处理厂划归重庆水务，国债80%分散在重庆库区间用于污水治理投入，国债作为资本金（中央预算内补助资金）属于行政划拨。本次划拨后，水务集团资产规模达到60亿，资产负债率50%以下，达到盈利水平，具备上市公司基本条件。

2005年，公司具备发行企业债的条件，并发行了全国水务行业第一支企业债，投入城市供水（新建水厂与官网投入全部由企业自行融资）。

2007年，重庆水务开始整体上市。当年改革了污水处理费的定价模式，解决污水处理的盈利问题（2007年以前，实行成本补助模式）。污水资产占水务集团的占比较大。为确保上市的合理利润与经营情况，解决重庆水务主业持续盈利问题，水务集团取得了重庆水务特许经营权，污水处理业务采用政府购买服务的模式，合理成本＋合理利润，3年一核算。

2008年，股市环境不良，公司申请减缓审核，证监会同意再重新排队。

2010年，股市环境转好，上市成功。

2011年，两水融合，原属重庆市政建设投融资平台之一的水投集团100%股权划入水务资产。水务集团资产规模扩大，负债率降低。

2012年，收购重钢三丰环境集团。集团改变定位，将采取多元化经营，今后不只供水，还向环境产业拓展，例如垃圾发电、土壤修复、危险废物处理等环境产业链条。

（二）企业概况

重庆水务集团是国内首家实现供排水一体化、厂网一体并拥有完整产业链的上市水务企业，也是国内最大的专业水务上市公司。截至2014年12月31日，集团资产达到205.71亿元，其中非流动资产占比57.12%。集团负债73.15亿元，资产负债率较低，为35.56%。

重庆水务集团享有授权范围内供排水特许经营权，实行供排水一体化经营。集团目前供水企业拥有33套制水系统（水厂），生产能力193.30万立方米/日。集团的污水处理服务费采取政府采购的形式，污水处理服务结算价格每3年核定一次，首期政府采购污水处理结算价格为3.43元/立方米（2010年12月31日到期），2011年—2013年第二期政府采购污水处理服务结算价格为3.25元/立方米，2014年—2016年第三期政府采购污水处理服务结算价格为2.78元/立方米。集团目前排供水企业投入运行的污水处理厂有44个，污水处理业务日处理能力为208.33万立方米。

2014年全年重庆水务集团营业收入36.50亿元，营业成本19.62亿元，毛利率46.24%。主营业务分行业、分产品情况如表5-2所示：

重庆水务 2014 年主营业务情况　　表 5-2

分行业	营业收入（单位：元）	营业成本（单位：元）	毛利率（%）
自来水销售	943421175.93	724840522.81	23.17
污水处理收入	2146922809.76	783474359.93	63.51
工程施工收入	487835113.65	421358142.69	13.63
其他收入	71473021.84	32463333.42	54.58
合计	3649652121.18	1962136358.85	46.24

资料来源：重庆水务2014年年报。

二、上市融资情况

（一）上市结构

2010 年 3 月，重庆水务集团向社会公开发行普通股 50000 万股①，每股面值 1 元，增加注册资本 50000 万元，变更后的注册资本为 480000 万元。其中重庆市水务资产经营有限公司出资 360500 万元，占总股本的 75.104%；重庆苏渝实业发展有限公司出资 64500 万元，占总股本的 13.44%；全国社会保障基金理事会转持 5000 万元②，占总股本的 1.04%。具体募资情况如表 5-3 所示：

重庆水务上市募资情况　　表 5-3

款目		金额（万元）
募集资金总额		349000
募集资金净额		340205.54
发行费用概算		8794.46
	保荐费	200
	承销费	7329
	审计费	108
	律师费	40
	印花税	170.2
	信息披露及路演推介费、上市登记、公证等相关费用	947.26

资料来源：重庆水务集团股份有限公司首次公开发行A股招股说明书。

---

① 根据 2007 年第一次临时股东大会决议、2008 年第二次临时股东大会决议、2009 年第三次临时股东大会决议、2010 年第一届董事会第二十次会议决议和修改后的公司章程规定，并经中国证券监督管理委员会“证监许可[2010]261 号”文《关于核准重庆水务集团股份有限公司首次公开发行股票的批复》的核准。

② 按照《境内证券市场转持部分国有股充实全国社会保障基金实施办法》（财企［2009］94 号）的要求，重庆水务集团公开发行股票并上市后，控股股东水务资产经营公司须按实际发行股份数量的 10%（即 5000 万股），将所持部分国有股份转由全国社会保障基金理事会持有。

（二）资金运用

重庆水务集团拟上市募资 20.16 亿元，发行募集资金扣除发行费用后，将用于建设 9 个污水处理工程和 6 个供配水工程。实募资金超过拟投资项目所需的部分，将剩余资金用于补充公司流动资金，募集资金运用安排具体情况如表 5-4 所示：

重庆水务上市募资安排　　表 5-4

工程项目名称		上市募集资金投入（万元）
三峡库区及影响区污水处理项目		89542
	重庆市主城排水一期项目	62116
	重庆市主城排水二期项目	8364
	大渡口城市污水处理项目	2575
	李家沱城市污水处理项目	3109
	万盛城市污水处理项目	1561
	梁平城市污水处理项目	2066
	中梁山城市污水处理项目	3012
	井口城市污水处理项目	4187
	永川城市污水处理项目	2552
重庆市供水项目		112084
	主城区净水一期工程沙坪坝水厂改造工程	16777
	西永微电子工业园区供水工程	4559
	九龙工业园 C 区供水工程	1690
	重庆市万盛城区供水工程	2450
	重庆市井口水厂一期项目	58378
	重庆市丰收坝水厂二期项目	28230
合计		201626

资料来源：重庆水务集团股份有限公司首次公开发行A股招股说明书。

重庆水务集团上市募集资金净额 3402055420 元，其中募投项目募集资金 2016260000 元，超募资金 1385795420 元。超募资金已补充公司流动资金。截至 2015 年 6 月 30 日，募投项目募集资金累计使用 1949629162.94 元，余额 149475436.11 元（含资金存款利息净额 82844599.05 元）。[①]

（三）募投项目的其他资金来源情况

募投项目包含在建与未开工项目（以 2007 年 8 月 31 日为时间节点），募投项目在 2007 年 8 月 31 日后的资金安排为上市募资，2007 年 8 月 31 日至上市前由于施工需要而投

① 详见《重庆水务集团股份有限公司募集资金存放与实际使用情况专项报告（2015 年半年度）》

入的资金由企业自筹资金垫付，并于上市募资后将所募资金置换已投入的垫付资金。具体项目资金来源情况如表 5-5 所示：

重庆水务募投项目资金来源情况　表 5-5

工程项目名称	总投资规模（万元）	项目其他资金来源情况	以上市募集资金投入（万元）	自筹垫付（万元）
三峡库区及影响区污水处理项目			89542	
重庆市主城排水一期项目	290748	通过世界银行贷款、民生银行贷款、地方国债专项资金、中央国债专项资金等方式累计筹措项目资金 228632 万元	62116	19736
重庆市主城排水二期项目	81175	通过国债专项资金、日元政府贷款等方式累计筹措项目资金 72811 万元	8364	8364
大渡口城市污水处理项目	12662.56	通过国债专项资金和发行公司债券（05 渝水务债）等方式累计筹措项目资金 10088 万元	2575	1723
李家沱城市污水处理项目	14448.30	通过国债专项资金和发行公司债券（05 渝水务债）等方式累计筹措项目资金 11339 万元	3109	3109
万盛城市污水处理项目	6936.39	通过国债专项资金和发行公司债券（05 渝水务债）等方式累计筹措项目资金 5375 万元	1561	
梁平城市污水处理项目	7054	通过国债专项资金和发行公司债券（05 渝水务债）等方式累计筹措项目资金 4988 万元	2066	1598
中梁山城市污水处理项目	13593	通过国债专项资金和发行公司债券（05 渝水务债）等方式累计筹措项目资金 10581 万元	3012	14
井口城市污水处理项目	11894.88	通过国债专项资金和发行公司债券（05 渝水务债）等方式累计筹措项目资金 7708 万元	4187	
永川城市污水处理项目	14637.36	通过国债专项资金和发行公司债券（05 渝水务债）等方式累计筹措项目资金 12085 万元	2552	
重庆市供水项目			112084	
主城区净水一期工程沙坪坝水厂改造工程	30075	通过国债专项资金和发行公司债券（05 渝水务债）等方式累计筹措项目资金 13298 万元	16777	2065
西永微电子工业园区供水工程	13939	通过国债专项资金和发行公司债券（05 渝水务债）等方式累计筹措项目资金 9380 万元	4559	
九龙工业园 C 区供水工程	3690	通过发行公司债券（05 渝水务债）等方式累计筹措项目资金 2000 万元	1690	850
重庆市万盛城区供水工程	4550	通过国债专项资金等方式累计筹措项目资金 2100 万元	2450	
重庆市井口水厂一期项目	58378		58378	14423
重庆市丰收坝水厂二期项目	28230		28230	
合计	592011		201626	51882

资料来源：重庆水务集团股份有限公司首次公开发行A股招股说明书。

从项目资金安排看，2007 年重庆水务集团将上市提上日程后，项目融资渠道转为上市募资。2007 年 8 月至 2009 年末期间，集团通过利用自有资金垫付项目投资 5.19 亿元，占上市计划募资总量的 25.73%。

三、债务融资情况

重庆水务集团作为全国最大的专业水务上市公司，上市募资是集团融资的代表性渠道。此外，重庆水务集团分别于 2005 年和 2012 年发行了合计 32 亿元的公司债券，是集团项目的重要融资渠道。

（一）“05 渝水务”公司债券

2005 年，重庆水务控股（集团）有限公司发行了 17 亿元的公司债券，具体的债券发行情况如表 5-6 所示：

“05 渝水务”公司债券发行情况　　表 5-6

债券名称	2005 年重庆市水务控股（集团）有限公司公司债券（“05 渝水务”）
发行规模	人民币 17 亿元
债券期限	十年期
债券利率	固定利率，票面年利率 5.05%
债券形式	实名制记账式
计息期间	2005 年 4 月 26 日～2015 年 4 月 25 日
担保情况	中国农业银行重庆市分行提供担保

资料来源：重庆水务2005年公司债券上市公告书。

从债券利率看，本次债券采取固定利率，票面年利率 5.05%。根据央行 2005 年 3 月 17 日公布的贷款基准利率，中长期五年以上的贷款利率为 6.12%，高于本次债券利率。由于“05 渝水务”债券为十年期债券，采用固定利率。根据央行 2005 年 3 月至 2015 年 3 月的中长期五年以上贷款利率变动情况看，2015 年贷款利率为最低水平 5.9%，仍高于债券票面利率。根据该债券利率水平，重庆水务每年需承担 8585 万元的利息。

从债券的担保情况看，中国农业银行重庆市分行为本次发行的公司债券 17 亿元本金、利息及其他为实现债权发生的相关费用提供保证担保，保证方式为连带责任保证，此项担保费用为 1700 万元整；公司所属子公司重庆市自来水有限公司、重庆市三峡水务有限责任公司、重庆市万盛自来水有限公司，为上述主担保合同提供了反担保。本次担保费用为债券募资总额的 1%。

（二）“12 渝水务”公司债券

2012 年，重庆水务集团在上市两年后着手发行了 15 亿元的公司债券，本期债券的募集资金扣除发行费用后，全部用于补充公司的营运资金。具体的债券发行情况如表 5-7 所示：

"12 渝水务"公司债券发行情况　　表 5-7

债券名称	重庆水务集团股份有限公司 2012 年公司债券（"12 渝水务"）
发行总额	人民币 15 亿元
债券期限	5 年期
债券利率	固定利率，年利率 5.12%
债券形式	实名制记账式
计息期间	2013 年 1 月 29 日 ~2018 年 1 月 29 日
担保情况	无担保

资料来源：重庆水务2012年公司债券上市公告书。

从债券利率看，本次债券采取固定利率，票面年利率 5.12%。根据央行 2012 年 7 月 6 日公布的贷款基准利率，中长期五年以上的贷款利率为 6.55%，高于本次债券利率。由于"12 渝水务"债券为五年期债券，采用固定利率。根据央行 2012 年 7 月至 2015 年 8 月的中长期三年至五年贷款利率变动情况看，最低水平为 2015 年 8 月 26 日公布的贷款利率 5%，略低于债券票面利率，此前三年至五年贷款利率在 6.4% ～ 5.25% 之间，均高于债券票面利率。根据该债券利率水平，重庆水务每年需承担 7680 万元的利息。

从债券的担保情况看，根据 2007 年 8 月证监会公布的《公司债券发行试点办法》规定，公司债券发行审核制度采用核准制，不强制要求提供担保。因此此次重庆水务发行的是无担保债券。

从偿债能力看，"12 渝水务"债券的偿债资金主要来源于重庆水务日常经营所产生的现金流。下表为重庆水务近年来的部分偿债指标情况，从数据看，重庆水务具有较强的偿债能力。

重庆水务集团偿债能力情况　　表 5-8

指标	2009 年	2010 年	2011 年	2012 年	2013 年	2014 年
资产负债率（%）	42.23	32.97	33.32	30.88	34.42	35.56
总债务 /EBITDA（X）	2.29	2.01	1.64	1.4	1.82	2.08
经营净现金流 / 总债务（X）	0.42	0.47	0.52	0.56	0.47	0.46
EBITDA 利息保障倍数（X）	24.83	16.26	19.97	19.04	14.74	9.74
经营净现金流利息保障倍数（X）	24.15	15.39	16.92	14.96	12.61	9.4

资料来源：课题组根据重庆水务历年年报数据计算得出。

四、地方政府支持

重庆水务集团的发展历程中，地方政府的支持起到了关键性作用，既有起步时期国债划转解决水务基建投资的资金困境，也有污水处理经营模式转变对集团上市提供了良好的盈利能力。

（一）污水处理经营模式及费用结算

2007 年是重庆水务上市的关键一年，当年重庆水务集团启动了上市计划，而政府很多支持重庆水务的措施也见于 2007 年，其中关键在于经营模式转变的支持。重庆水务集团获得 30 年的水务特许经营权，重庆水务的经营模式从“政府特许、政府核拨费用、企业运营”转变为“政府特许、政府采购、企业经营”。其中，污水处理结算费用 3.43 元 / 立方米，远超出行业平均水平。在实际运行中，居民交纳的污水处理费与政府支付给企业的污水处理费用是两套价格，经营模式转变后，按规定排水费用由企业代收后，进入政府的专项账户，而后政府再核定污水处理成本，统一向企业进行支付补贴。2007—2010 年，重庆居民污水处理费为 1 元 / 立方米，非居民污水处理费为 1.3 元 / 立方米，而政府向重庆水务购买污水处理服务的价格为 3.43 元 / 立方米，其中差价实际为政府财政负担。

重庆水务集团主营业务毛利率情况（单位：%）　　表 5-9

项目	2014 年	2013 年	2012 年	2011 年	2010 年	2009 年	2008 年	2007 年
自来水销售	23.17	25.71	26.67	35.33	35.87	26.70	28.30	34.34
污水处理服务	63.51	68.15	68.09	65.86	69.55	68.91	68.50	68.33
工程施工	13.63	19.15	15.76	15.30	15.95	15.16	19.06	18.24
其他业务	54.58	34.18	37.21	25.76	22.47	37.73	40.28	24.00
主营业务毛利率	46.24	53.40	51.04	49.35	54.54	54.73	55.16	53.85

资料来源：课题组根据重庆水务历年年报数据计算得出。

政府采购重庆水务集团污水处理服务的结算价格每 3 年核定一次，首期政府采购污水处理结算价格为 3.43 元 / 立方米（2010 年 12 月 31 日到期），2011—2013 年第二期政府采购污水处理服务结算价格为 3.25 元 / 立方米，2014—2016 年第三期政府采购污水处理服务结算价格为 2.78 元 / 立方米。从结算价格的变动幅度看，第二期价格比首期价格降低了 5.25%，从污水处理业务的毛利率看，2011 年有小幅下调，但 2012 年与 2013 年的毛利率又回归了 68% 的高水平。第三期结算价格相比第二期下调 14.46%，导致 2014 年毛利率降为 63.51%，但依然保持较高的盈利水平。

从结算价格的变动趋势看，重庆市政府逐渐下调对重庆水务污水处理的补贴力度。但初期较高的结算价格为水务企业提供了良好的盈利能力，即使重庆水务集团成功上市募资，又为“05 渝水务”、“12 渝水务”公司债券提供了可靠的偿债资金来源。但从长期看，如此高额的补贴必然是不可持续的，政府结算价格最终会回归行业正常水平，但这种高补贴结算价格可以作为较好的过渡支持措施。

（二）国债转贷

国债转贷的使用也是重庆市政府对当地水务发展的重要扶持手段。早在重庆市水务控股（集团）有限公司成立之初，企业负债沉重，工程投资压力大，水务企业生产经营和建设陷入困境。2003 年重庆市政府将中央下拨的三峡库区国债资金 30 多亿元一并划转重庆水务集团作为资本金，由重庆水务集团成为国债资金的载体，使重庆水务的资产状况实现好转。

根据公开集团信息显示，截至 2009 年 12 月 31 日，重庆水务集团尚在使用的地方国债转贷情况如表 5-10 所示：

重庆水务集团国债转贷情况（截至 2009 年末） **表 5-10**

借款单位	提供借款机构	借款金额（元）	借款性质
重庆水务集团股份有限公司	重庆市财政局	99845000.00	三峡库区污水处理项目国债转贷
		3076500.00	北部办项目地方国债转贷
		43060000.00	黄桷渡项目地方国债
		33097143.15	北部供水工程地方国债转贷
		25346000.00	主城管改办地方国债转贷
		2216575.34	万盛管改办地方国债转贷
小计		206641218.49	
重庆市自来水有限公司	重庆市财政局	10765000.00	丰收坝水厂项目地方国债转贷
重庆市排水有限责任公司	重庆市财政局	352640000.00	主城排水项目地方国债转贷
重庆市合川自来水有限公司	合川市财政局	15700000.00	合川区财政局（地方转贷国债资金）
合计		585746218.49	

资料来源：重庆水务集团股份有限公司首次公开发行A股招股说明书。

根据重庆水务集团历年年报公布信息来看，国债转贷归为长期借款的信用借款项目。图 5-1 为 2010 年—2014 年重庆水务集团地方国债转贷的变动情况，由此可见，重庆水务集团的地方国债转贷规模保持在 5 亿元以上。

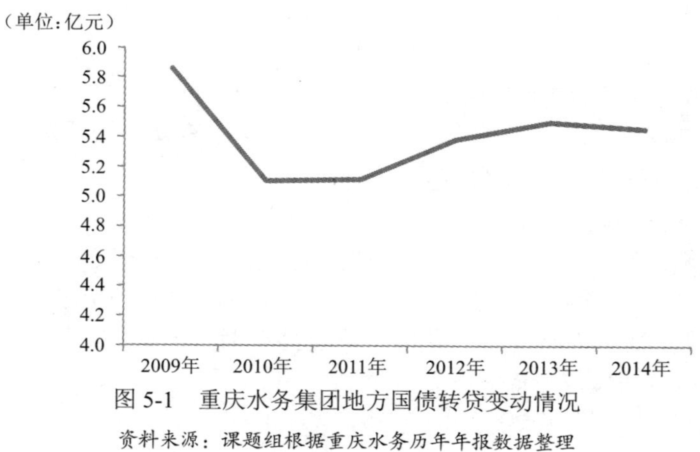

图 5-1 重庆水务集团地方国债转贷变动情况

资料来源：课题组根据重庆水务历年年报数据整理

（三）外债转贷款

重庆水务集团的长期借款除了涉及国债转贷的信用借款外，还使用了保证借款，这主要涉及重庆水务集团的外债转贷款部分。从变动趋势看，保证借款总体呈下降趋势，由 2009 年末的 14.19 亿降至 2014 年末的 7.81 亿元。

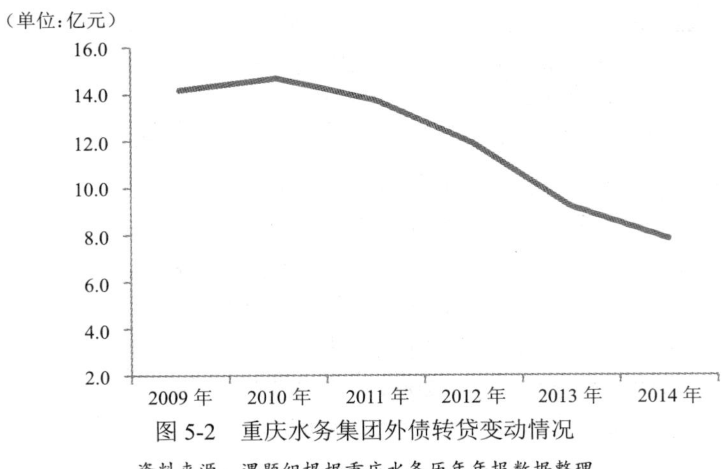

图 5-2 重庆水务集团外债转贷变动情况

资料来源：课题组根据重庆水务历年年报数据整理

根据重庆水务集团公开信息显示，2009 年末的集团保证借款概况如表 5-11 所示：

重庆水务集团外债转贷情况（截至 2009 年末） 表 5-11

借款单位	提供借款机构	借款金额（元）	担保人
重庆市水务集团股份有限公司	中国进出口银行－协力银行日元贷款	188322504.90	重庆市财政局
	中国银行重庆分行－法国政府贷款	10389398.77	重庆市财政局、重庆市计委
小计		198711903.67	
重庆市排水有限责任公司	日本协力银行	665288855.39	重庆市财政局
	国际复兴开发银行	302893530.96	重庆市财政局
小计		968182386.35	
重庆市自来水有限公司	中国进出口银行－协力银行日元贷款	251950847.38	重庆市财政局
合计		1418845137.40	

资料来源：重庆水务集团股份有限公司首次公开发行A股招股说明书。

上述五笔借款的详情分别如下所示：

1992 年 6 月 25 日，原中国对外经济贸易信托投资公司同意转贷给重庆市自来水公司总金额不超过 44.3 亿日元的日本基金贷款，用于支付政府贷款协议项下项目的设备材料货款及有关费用。贷款期限为 30 年，含宽限期 10 年，还款期为 20 年（自 2001 年 10 月 21 日起至 2021 年 10 月 20 日最后一次还款后结束），贷款利率为 2.6%。

1988 年 11 月 22 日，重庆水务全资子公司重庆市自来水有限公司的前身重庆自来水公司与中国银行重庆分行签署了《借款契约》。中国银行重庆分行同意将法国政府 1699 万法郎贷款转贷给重庆自来水公司用于九龙坡水厂扩建工程，贷款期限 30 年，年利率 2.5%。

2003 年 3 月 6 日，重庆市财政局同意转贷给重庆市排水有限公司总金额不超过 90 亿日元的贷款，专门用于支付重庆环境示范城市项目的土建、设备、材料、咨询服务采购及有关费用。借款期限 40 年，含宽限期 10 年，借款年利率为 0.75%。

2001 年 4 月 6 日，重庆市财政局同意将国际复兴开发银行向中国提供的 2000 万美元贷款中的 1444 万美元转贷给重庆市排水公司，用于实施“重庆城市环境改善项目”下的重庆主城排水子项。借款期限为 2001 年起 15 年，包括 5 年宽限期。对尚未提取的贷款本金，重庆市排水公司按照 0.75% 的年利率向重庆市财政局支付承诺费；对已提取尚未偿还的本金，重庆市排水公司应按每一计息期的利率按时向重庆市财政局支付利息，每一计息期利率为伦敦同业银行拆借基准利率与伦敦同业银行拆借利率总利差之和。

中国进出口银行受财政部委托，根据财政部与日本国际协力银行于 2000 年 3 月 28 日签署的关于重庆市丰收坝水厂项目的政府贷款协议（协议号：CXXI-P121），负责办理贷款协议项下贷款的转贷业务和债权管理。2000 年 7 月 5 日，中国进出口银行转贷给重庆市自来水公司总金额不超过 62 亿日元的贷款。贷款期限为 30 年，含宽限期 10 年，贷款年利率为 1.7%。

从借款的发生时间看，借款主要发生在 2003 年之前，此时重庆水务集团的企业债务融资渠道尚未打通，三峡库区国债资金也尚未划转为集团资本金，外债借款对于重庆水务融资困境起到了补充作用。从借款利率与借款期限看，上述外债转贷资金为长期借款，且利率较低。从借款形式看，上述借款为政府担保的外债转贷资金，是政府为水务企业提供的资金渠道。

（四）专项应付款

专项应付款是企业接受国家划拨的具有专门用途的款项所形成的不需要以资产或增加其他负债偿还的负债。2014 年末，重庆水务集团的专项应付款情况如表 5-12 所示：

重庆水务集团 2014 年专项应付款情况 **表 5-12**

项目	期末余额（单位：元）	形成原因
危岩滑坡补助资金	6000000.00	相关部门补贴项目建设
合川自来水供水补助资金	14500000.00	相关部门补贴项目建设
配套管网设施建设专项奖励补助资金	10000000.00	相关部门补贴项目建设
财政拨建安营业税返还	30962689.50	税收返还
川东化工厂搬迁工程	15000000.00	拆迁补助
土地出让金返还	964987.00	出让金返还
合计	77427676.50	

资料来源：重庆水务2014年年报。

相比较 2010 年重庆水务公开的年报信息看，专项应付款在 2011 年发生了较为重大的变动。2010 年重庆水务集团专项应付款为 3.22 亿元，其中 2007 年 9 月至 2010 年 12 月末，重庆水务集团陆续收到重庆市财政局拨付的中央预算内投资资金 2.12 亿元，列“专项应付款”。2011 年，根据重庆市审计局渝审决 [2011]52 号的要求，重庆水务将上述资金从专项应付款重分类至其他应付款，表 5-13 为 2011 年其他应付款情况，从当期变动情况看，重分类的中央预算内投资资金主要为 1 年内到期的其他应付款。

重庆水务集团 2011 年其他应付款情况　　表 5-13

项目	期末数（单位：元）	期初数（单位：元）	本期变动数（单位：元）
1 年以内	346771738	91884064	254887674
1~2 年	26626276	16463678	10162598
2~3 年	11214817	20753458	－9538641
3 年以上	25637807	18049590	7588217
合计	410250637	147150789	263099848

资料来源：重庆水务2011年年报。

关于专项应付款中列明的土地出让金返还部分，从 2010 年重庆水务公开信息看，该部分金额为 96.50 万元，截至 2014 年重庆水务公报看，该项目数额未发生变动。但重庆市政府对重庆水务集团的土地出让金返还并非全部列入专项应付款。2007 年，重庆水务集团将重庆市政府返还的土地出让金 118443567.06 元转增国家资本金。

（五）政府补助

政府补贴也是融资重要部分。重庆水务集团 2013—2014 年递延收益中涉及政府补助的项目情况如表 5-14 所示：

重庆水务集团递延收益中涉及政府补助项目情况　　表 5-14

负债项目	2014 年期末余额（单位：元）	2013 年期末余额（单位：元）	与资产相关 / 与收益相关
供水设施改造补助资金	18369311.16	18436930.21	与收益相关
污水处理厂整改资金补助资金	2166037.68	2726808.95	与资产相关
何家沟及涪一中排水抢险工程补助资金	969376.90	1040093.53	与资产相关
以奖代补接入口补助资金	47948895.02	51093546.70	与资产相关
科研项目财政补助资金	3550446.64	4185741.40	与资产相关
采煤沉陷区供水工程财政补助资金	1711111.12	1711111.12	与资产相关
在线检测工程补助资金	5824105.15	6377234.99	与资产相关
南郊安康泵站整治工程款	5300000.00	5300000.00	与资产相关
除磷脱氮项目补助资金	10600000.00	10600000.00	与资产相关
合川政策性搬迁补偿款	12121483.04	12663468.11	与资产相关
巴南区渝南分流道二期搬迁补偿款	2204760.00	2204760.00	与资产相关
开县南郊移民安置小区污水泵站	5000000.00	1000000.00	与资产相关
平桥污水提升泵站技改补助	3973400.00	3973400.00	与资产相关
市环保数采仪专项补助	168252.10	255699.51	与资产相关

续表

负债项目	2014年期末余额（单位：元）	2013年期末余额（单位：元）	与资产相关／与收益相关
紫外光专项整改	701913.80	809900.60	与资产相关
滨江路管网工程拨款	3395440.68	5560000.00	与资产相关
其他财政补助款	15689668.64	5878023.81	混合型
合计	139694201.93	133816718.93	

资料来源：课题组根据相关年度年报整理。

相关政府补助计入当期损益的项目情况如表5-15所示：

重庆水务集团计入当期损益的政府补助项目情况　　表5-15

补助项目	2014年发生额（单位：元）	2013年发生额（单位：元）	与资产相关／与收益相关
市政附加返还	131704058.81	119400000.00	与收益相关
污泥运输经费补助	15253000.00	34606000.00	与收益相关
以奖代补接入口补助资金	3144651.68	4078806.24	与资产相关
消防栓维护费补助	2270000.00	2100000.00	与收益相关
政策性搬迁	541985.07	804846.38	与资产相关
南岸区财政奖励工作经费	1686880.00		与收益相关
财政贴息	973333.34		与收益相关
进厂道路整改资金		745666.32	与收益相关
水专项递延收益摊销	635294.76	1123513.76	与资产相关
环保在线监测系统	953129.84	1920981.76	与资产相关
歌乐山井口工程安全专项资金		2210000.00	与收益相关
歌乐山井口工程前期补亏		8000000.00	与收益相关
供水分离		13916200.00	与收益相关
污染物减排中央专项资金预算		1640000.00	与收益相关
其他	6048970.25	3538951.05	混合型
合计	163211303.75	194084965.51	

资料来源：课题组根据相关年度年报整理。

五、相关融资问题

（一）价格调整滞后

重庆水务集团反映的调价问题主要体现在供水价格调整上，污水处理价格由于初始标准较高，现行价格调整压缩了集团的利润空间。而供水价格直接与用户水费挂钩，因此价格调整往往不单从经济角度出发，价格调整窗口期问题制约了集团水价的及时调整，在材料成本、人工成本上涨的环境下，新增成本将由水务集团负担。

（二）供水行业体制不顺

供水体制存在诸多制约因素。比如取水需要通过水利部门办理行政许可，涉及规划环保等。水行业管理中从国家到地方涉及多个渠道，省一级市政管理委员会上级没有对应机构。区县两个部门住建委和水利水电局或水务局，由于管理体制不同，投资渠道也不同（项目投资方面水务局很多）。供水资金来源渠道多样，发改委、财政部门、水务部门、住建部门，甚至妇联（母亲水窖）、烟草公司都能成为供水投融资的资金来源。

（三）供水企业效率不高

企业历史包袱及其他因素形成的冗余成本过重。比如，一个日产量 20 万方的水厂为例，随着技术的发展，通常 20 余人可以承担相应的工作量，但由于各种原因（老员工过多，绩效不良，或基于非经济考量不予辞退）员工人数达到 400 余人，增加了企业成本，压缩了利润空间。

（四）水务工程利润较高

当前供水企业真正的利润来源于用户水务工程，如一户一表改造。企业垄断水务工程安装业务，规定安装定价 3500 元，而水表生产及安装成本通常在 1000 ～ 2000 元之间，之间差价很高，利润丰厚。对于如此高利润的定价，集团领导认为供水企业对于一户一表改造承担存在无限保养责任，高额利润具有基金性质。

第二节　深圳水务集团投融资案例分析

一、深圳水务集团发展沿革

2001 年底，深圳市自来水（集团）有限公司与深圳市排水管理处合并，组建成深圳市水务（集团）有限公司，开全国供排水一体化运营先河。

2003 年底，公司成功引入战略投资者法国威立雅水务公司，从国有独资企业转变成中外合资企业（国有控股 55%、威立雅水务和北京首创股份合资成立的通用首创投资有限公司持股 40%、威立雅水务持股 5%）。

2005 年 4 月，公司与天健集团（天健集团所持股权后来转让给深圳市远致投资公司）合资成立深圳市水务投资有限公司，搭建了异地水务投资业务平台，推动公司从地方性水务企业向全国性水务企业的转变。

在深圳本地，公司于 2007 年成功完成对宝安、龙岗水务市场整合工作。2010 年基本形成深圳全市供水、排水一体化格局。

此外，经过多年发展，公司形成了包括水务工程咨询、设计、水务工程建设、信息自动化、水处理药剂生产等在内较为完整的水务产业链业务。

截至 2014 年 12 月 31 日，公司总资产 154.96 亿元，净资产 89.34 亿元，供水能力达 817.85 万吨 / 日，污水处理能力达 304.6 万吨 / 日。

二、深圳水务集团获利能力分析

深圳水务集团是集自来水生产及输配业务、污水收集处理及排放业务、水务投资及运营、水务设施设计及建设等业务为一体的大型综合水务服务商，供水质量、管理能力、技术和服务水平居于全国同行业前列。根据深圳水务集团公开信息显示，2010 年—2013 年 9 月的主营业务情况如表 5-16 所示。

深圳水务集团 2010 年～ 2013 年 9 月的主营业务情况（单位：万元） 表 5-16

项目	2013 年 1 ～ 9 月	2012 年	2011 年	2010 年
主营业务收入	420063.43	553658.26	514307.20	435311.65
供水	283025.08	358517.88	334407.11	286231.48
污水处理	83314.14	114647.22	102122.68	82789.19
水务工程	39225.49	61054.88	62397.00	51266.40
其他	14498.72	19438.28	15380.42	15024.57

资料来源：深圳市水务（集团）有限公司2014年第一期短期融资券募集说明书。

根据调研取得的信息，深圳水务集团供水定价与用户水费挂钩，通过企业提价申请，由物价部门等政府相关部门核定，而污水处理价格采用政府购买服务的模式，价格核定按净资产利润率 3% 的标准（低于重庆的净资产利润率 8%）。

2010 年—2013 年前三季度，深圳水务集团的主营业务收入持续稳步增长，2010—2012 年间分别实现主营业务收入 43.53 亿元、51.43 亿元和 55.37 亿元，年复合增长率为 12.78%；2013 年 1-9 月实现主营业务收入 42.01 亿元，为 2012 年全年度的 75.87%，较上年同期同比增长 0.86%。从上表分项收入看，深圳水务集团主营业务突出，供、排水业务是其最主要的收入来源，二者的营业收入合计分别为 36.90 亿元、43.65 亿元、47.32 亿元和 36.63 亿元，分别占当期主营业务收入的 84.77%、84.88%、85.46% 和 87.21%。

深圳水务也充分利用自身在供排水方面的资源、技术优势，开展水务工程施工业务。2010 年—2013 年前三季度，集团的水务工程业务收入分别为 5.13 亿元、6.24 亿元、6.11 亿元和 3.92 亿元，在当期主营业务收入的占比分别为 11.78%、12.13%、11.03% 和 11.50%。此外，深圳水务还根据产业链需要适当发展了净水药剂的生产与销售、工程监理、自动化控制等多种其他业务经营，但总体来看，其他业务营业收入规模有限，对于发行人的主营业务收入影响较小。

深圳水务集团 2010 年～ 2013 年 9 月的主营业务毛利率情况（单位：%） 表 5-17

项目	2013 年 1 ～ 9 月	2012 年	2011 年	2010 年
主营业务收入	25.14	21.74	21.02	20.02
供水	26.24	23.20	22.00	20.24
污水处理	20.55	17.42	18.69	17.98
水务工程	16.75	18.40	15.65	15.52
其他	52.69	30.77	36.81	42.35

资料来源：深圳市水务（集团）有限公司2014年第一期短期融资券募集说明书。

2010 年—2013 年前三季度，深圳水务集团的主营业务综合毛利率分别为 20.02%、21.02%、21.74% 和 25.14%，各年的综合毛利率水平较为平稳。从各项主营业务的毛利率来看，供水业务 2010 年—2013 年前三季度的毛利率分别为 20.24%、22.00%、23.20% 和 26.24%，毛利率水平逐年增高；污水处理业务的毛利率分别为 17.98%、18.69%、17.42% 和 20.55%，毛利率水平较为平稳；水务工程业务的毛利率分别为 15.52%、15.65%、18.40% 和 16.75%，总体呈现持续上涨态势，主要是受水务工程市场竞争减弱和工程施工材料价格下降的双重影响。

虽然深圳水务企业具有较高的毛利润率，但通过调研取得的情况看，企业的利润率为 3% 左右。这种情况课题组询问了水务集团的相关负责人，相关人员表示，毛利率不能较好的反映企业的利润情况，水务集团作为市政公用企业，属于高资本沉淀企业，因此该类企业的衡量指标建议选择净资产利润率为准。

三、深圳水务集团异地水务投资情况

（一）深圳市水务投资公司经营情况

目前，深圳水务集团的异地水务投资项目主要通过深圳水务投资公司运作经营。本节将根据深圳水务集团公开信息，介绍该公司 2009 年 ~2014 年的发展情况。

2009 年，深圳市水务投资有限公司顺利增资 3 亿元，并以现有的 18 个投资项目为基本点，以点带面、实现网状扩张，初步形成华东和华南两个区域发展中心。截至 2009 年底，深圳市水务投资有限公司已完成对外投资项目达到 18 个，资产总额达 26.37 亿元，供水能力达 142.1 万吨 / 日，污水处理能力达 78 万吨 / 日，全年售水量 13237 万吨，污水处理量 17700 万吨。

2010 年，深圳市水务投资有限公司在精耕细作现有 18 个水务投资项目的基础上，推行以委托运营为主的投资新模式，新增安吉城北污水处理厂、安吉梅溪水厂、长兴污水厂一级 A 段工程、常州城北一级 A 段工程和池州城东污水处理厂等五个委托运营项目。同时面对艰难的融资环境，积极拓宽融资渠道，取得平安银行、交通银行、国家开发银行等金融机构的授信和贷款，确保了资金链的稳定。截至 2010 年 12 月 31 日，深圳市水务投资有限公司总资产达 29.78 亿元，比上年增长 13%；净资产达 11.68 亿元，比上年增长 5%。

2011 年，深圳市水务投资有限公司坚持“以点带面，辐射周边”的原则，以现有项目为依托，充分发挥投资品牌的区域影响力，积极推进周边区域的项目拓展，成功签约了安徽江南产业集中区供水项目、浙江安吉城北污水厂委托运营项目和安吉梅溪供水 BOT 项目，并通过现有项目公司投资建设了池州江口水厂项目，对惠州金山污水处理项目增加了 3000 万元投资。同时，进一步加大项目储备力度，积极推进山东滕州第三污水厂项目、新市污水处理项目、焦作南水北调供水配套工程项目及长兴第三水厂项目等，取得了重要进展，为公司下一步拓展市场奠定了较好的基础。截至 2011 年 12 月 31 日，深圳市水务投资有限公司总资产 31.50 亿元，比上年增长 5.5%，净资产 12.02 亿元，比上年增长 3%。

2012 年，深圳市水务投资公司继续以点带面，辐射周边，成功签约了滕州市第三污水处理厂 BOT 项目。同时进一步加大项目储备力度，积极推进汕头潮南供水、武汉东西湖区污水处理等 9 个项目，取得了有效进展。截至 2012 年 12 月 31 日，深圳市水务投资有限公司总资产 30.48 亿元，比上年减少 3.40%，净资产 12.00 亿元，比上年减少 0.11%。

2013 年，深圳市水务投资公司对外拓展稳步推进，新增枣庄、黄梅两家项目公司，项目公司数量达 21 家。截至 2013 年 12 月 31 日，水务投资公司总资产 31 亿元，比上年增长 1.71%，净资产 12.1 亿元，比上年增长 0.80%。

2014 年，深圳市水务投资公司进一步加大市场开拓力度，成功签约长兴第二污水处理厂 TOT 项目、鹤壁山城污水一级 A 提标改造投资项目。截至 2014 年 12 月 31 日，水务投资公司项目公司数量达 22 家。总资产 33.46 亿元，比上年增长 7.28%，净资产 12.60 亿元，比上年增长 4.13%；总供水能力 142 万立方米 / 日（不含九江），污水处理能力 85 万方 / 日。深圳市水务投资公司的资产情况如表 5-18 所示。

深圳市水务投资公司的资产情况 表 5-18

年份	资产总额（亿元）	净资产（亿元）	资产负债比	资产增速	净资产增速
2009 年	26.37	11.12	57.83%	—	—
2010 年	29.78	11.68	60.78%	12.93%	5.04%
2011 年	31.5	12.02	61.84%	5.78%	2.91%
2012 年	30.48	12	60.63%	−3.24%	−0.17%
2013 年	31	12.1	60.97%	1.71%	0.83%
2014 年	33.46	12.6	62.34%	7.94%	4.13%

资料来源：课题组根据深圳市水务集团历年年报整理计算。

从水务投资公司的资产增速看，近年来呈现倒 U 型趋势。2010 年后资产增速与净资产增速有明显的下降，分别从 12.93%、5.04% 降至 2011 年的 5.78%、2.91%。在 2012 年资产甚至出现负增长情况。2013 年后，资产增速加快，资产增速从 2012 年的−3.24% 提高到 2014 年的 7.94%，净资产增速从 2012 年的−0.17% 提高至 2014 年的 4.13%。伴随近年来水务投资公司资产规模的增长，水务投资公司的资产负债比近年来呈逐渐上升趋势，从 2009 年的 57.83% 提升至 2014 年的 62.34%。

根据调研情况，深圳水务集团的供水、污水等相关业务异地水务投资，净资产利润率在 3%~4.5% 左右。受访负责人表示，水务集团的异地投资业务，利润水平不高，但仍然可以保持营利，可以做。

（二）供水异地投资

深圳水务集团对外输出资金、管理和先进技术，通过股权投资或 TOT 的形式，与合作伙伴或当地政府携手，先后在河南、安徽、浙江和广东等地投资了 9 个供水项目共 22 个水厂。

深圳水务集团的异地供水投资项目 表 5-19

水厂 / 水司	投资时间	权益比例	地区	投资方式	特许经营期限
广东开平市珠江水务有限公司	2005	100%	广东开平	TOT	25 年
河南焦作市水务有限公司	2005	70%	河南焦作	股权投资	20 年
安徽池州市供排水	2005	52%	安徽池州	股权投资	30 年

续表

水厂 / 水司	投资时间	权益比例	地区	投资方式	特许经营期限
浙江长兴水务有限公司	2005	70%	浙江长兴	股权投资	50 年
安徽宣城市水务有限公司	2006	60%	安徽宣城	股权投资	30 年
浙江安吉水务有限公司	2006	100%	浙江安吉	TOT	28 年
安徽宁国水务有限公司	2007	100%	安徽宁国	TOT	30 年
广东开平供水集团有限公司	2007	60%	广东开平	股权投资	30 年
枣庄市深水江源水务有限公司	2013	100%	山东枣庄	TOT	30 年

资料来源：深圳市水务（集团）有限公司2014年第一期短期融资券募集说明书。

深圳水务对于异地供水项目主要采取两种投资方式：股权投资和 TOT。股权投资模式下，供水价格主要经省、市发改委批准，物价局审批完成，水费结算方式包括网点收取、银行代扣、网上缴费、转账支付等。而 TOT 投资模式下，供水价格和水费结算方式一般按 TOT 合同约定执行，合同往往设定有保底水量、供水价格及调整方式的相关条款。

（三）污水处理异地投资

深圳水务集团通过下属子公司水务投资共投资有 11 个污水处理异地项目，表 5-20 为截至 2013 年 9 月末深圳水务集团异地污水处理项目情况。

深圳水务集团的异地污水处理投资项目 表 5-20

污水厂 / 水司	投资时间	权益比例	地区	投资方式	特许经营期限
池州市供排水有限责任公司	2005 年	52%	池州	股权投资	30 年
安吉水务有限责任公司	2006 年	100%	安吉	TOT	28 年
长兴兴长污水处理有限公司	2006 年	100%	长兴	TOT	30 年
滕州市深水深滕污水处理有限公司	2006 年	100%	滕州	TOT	30 年
鹤壁市深水山城污水处理有限公司	2006 年	100%	鹤壁	TOT	30 年
常州市深水城北污水处理有限公司	2005 年	100%	常州	TOT	20 年
常州市深水江边污水处理有限公司	2008 年	100%	常州	TOT+BOT	25 年
句容市深水句容污水处理有限公司	2008 年	100%	句容	TOT+BOT	28 年
惠州市深水金山污水处理有限公司	2008 年	100%	惠州	BOT	27 年
滕州市深水清河污水处理有限公司	2012 年	100%	滕州	BOT	30 年
句容市深水黄梅污水处理有限公司	2013 年	100%	句容	BOT	30 年

资料来源：深圳市水务（集团）有限公司2014年第一期短期融资券募集说明书。

根据上表信息，深圳水务投资公司异地污水处理项目的投资模式以 BOT 和 TOT 为主。污水处理价格主要依据合同约定，政府在对项目的污水处理量进行确认后在每月的 15 日前后支付上月相应的污水处理费。

此外，2014年，深圳水务集团正式签约住房和城乡建设部、财政部力推的国内首个城市排水PPP项目——安徽池州市主城区污水处理及市政排水设施政府购买服务项目，该项目是全国第一个城市排水设施厂网一体政府购买服务项目，具有标志性及示范意义。

四、深圳水务集团融资情况

深圳水务集团融资结构主要偏于银行贷款融资，从期限上看偏于短期融资，但近年来集团通过发行中期票据、短期融资券等方式，募资置换贷款，提高直接融资的比重。通过整理分析该集团公开财务信息，对深圳水务集团融资情况进行案例分析。

（一）负债结构分析

根据表5-21，2010年—2013年前三季度间，深圳水务集团负债总额分别为565737.46万元、633148.45万元、591825.82万元和574828.83万元，债务规模扩大的主要原因在于集团对管网设备投入的加大和业务扩展融资需求加大。2011年末比2010年末增加67410.99万元，增幅11.92%，其中主要原因是公司向外举债同时，于2011年发行中期票据部分用于补充营运资金所致。

深圳水务集团的负债结构（单位：万元） 表5-21

项目	2013年1~9月	2012年	2011年	2010年
流动负债	398157.84	375440.52	411550.53	433769.07
非流动负债	176670.99	216385.30	221597.92	131968.39
负债合计	574828.83	591825.82	633148.45	565737.46

资料来源：深圳市水务（集团）有限公司2014年第一期短期融资券募集说明书。

从负债结构看，深圳水务集团的负债以流动负债为主，2010年—2013年前三季度间，深圳水务集团流动负债规模分别占负债总额的76.67%、65.00%、63.44%和69.27%，2011年末比2010年末流动负债占比明显减少，主要是因为2011年公司用发行的中期票据的募集资金偿还了部分短期借款所致。表5-22为2010年—2013年前三季度深圳水务集团主要流动负债项目情况：

深圳水务集团的流动负债结构（单位：万元） 表5-22

项目	2013年1~9月	2012年	2011年	2010年
短期借款	91837.21	87116.12	113883.00	183831.19
应付账款	50942.20	44148.09	84574.56	76420.35
预收款项	31781.84	28019.29	41086.16	39571.59
其他应付款	139677.86	140261.23	100174.31	79958.04
流动负债合计	398157.84	375440.52	411550.53	433769.07

资料来源：深圳市水务（集团）有限公司2014年第一期短期融资券募集说明书。

从流动负债的结构来看，短期借款、应付账款、预收款项和其他应付款是深圳水务集团流动负债的主要组成部分，在2010年—2013年前三季度间，四项合计占流动负债比例为87.55%、82.55%、79.78%、78.92%。其中，应付账款主要为应付原水费、应付工程款及应付电费等；预收款项主要为预收的工程款及水费；其他应付款的主要款项性质为代收用水排水费、代收垃圾处理费及超基价水费等。四项流动负债中，短期借款为集团因为明确融资需要而形成的负债。

短期借款核算企业向银行或其他金融机构等借入的期限在1年以下（含1年）的各种借款。2010年至2013年前三季度间，深圳水务集团短期借款余额分别为183831.19万元、113883.00万元、87116.12万元和91837.21万元，分别占流动负债的42.38%、27.67%、23.20%和23.07%。2011年末较2010年末减少69948.19万元，降幅38.05%，主要是因为2011年公司发行中期票据偿还集团的部分银行借款。2012年末较2011年末减少26766.88万元，降幅23.50%，同样是因为2012年公司发行中期票据偿还集团的部分银行借款。表5-23为2010年至2013年前三季度深圳水务集团主要非流动负债项目情况：

深圳水务集团的非流动负债结构（单位：万元） **表5-23**

项目	2013年1~9月	2012年	2011年	2010年
长期借款	48784.28	92806.64	122510.94	83940.75
应付债券	70000.00	70000.00	50000.00	—
专项应付款	29567.02	24530.90	25034.67	25990.08
非流动负债合计	176670.99	216385.30	221597.92	131968.39

资料来源：深圳市水务（集团）有限公司2014年第一期短期融资券募集说明书。

从非流动负债的结构看，长期借款、应付债券和专项应付款是深圳水务集团非流动负债的主要组成部分，在2010年至2013年前三季度间，三项合计占非流动负债比例为83.3%、89.15%、86.58%、83.97%。

其中，2010年至2013年前三季度间，长期借款金额分别为83940.75万元、122510.94万元、92806.64万元和48784.28万元。其中2011年较2010年末增加较多原因，主要是因为新建BOT项目龙岗污水继续扩大融资规模，2012年至2013年9月，长期借款逐年减少，主要是因为公司逐步采用其他融资方式，如发行中期票据等直接融资，同时将一年内到期的长期借款重新分类至一年内到期的非流动负债。

应付债券2012年及2013年9月末金额为70000.00万元，其形成原因在于：2011年公司发行5亿元中期票据，为期三年，票面年利率为5.98%，附息方式为固定利率；2012年公司发行2亿元中期票据，为期三年，票面年利率为4.36%，附息方式为固定利率。

专项应付款主要为政府基建投资款、排水拨款、财政返还的水价调节基金及管网建设补助款等。2010年至2013年前三季度间，集团专项应付款金额分别为25990.08万元、25034.67万元、24530.90万元和29567.02万元，在非流动负债占比分别为19.69%、11.30%、11.34%和16.74%。

（二）银行贷款分析

从前文深圳水务集团的负债结构看，银行贷款是集团既往的主要融资渠道。表5-24为深圳水务集团截至2013年9月30日的主要银行借款明细表。

深圳水务集团的主要银行借款明细表（单位：万元）　　表 5-24

借款单位	贷款行	期限	借款金额	借款方式
深水本部	中国银行	1 年	50000.00	信用借款
深水宝安	平安银行	1 年	1000.00	信用借款
	中国农业银行	1 年	2800.00	信用借款
	深圳农村商业银行	1 年	2000.00	信用借款
深水龙岗	深圳农村商业银行	3 年	12477.00	信用借款
		3 年	473.00	信用借款
		1 年	1837.02	信用借款
		1 年	2100.00	信用借款
		1 年	521.19	信用借款
	平安银行	1 年	2000.00	信用借款
		9 个月	2000.00	信用借款
		1 年	2000.00	信用借款
	中国工商银行	1 年	490.00	信用借款
		1 年	490.00	信用借款
		1 年	490.00	信用借款
		1 年	480.00	信用借款
		1 年	50.00	信用借款
		1 年	495.00	信用借款
	中国银行	1 年	1302.87	信用借款
		1 年	3000.00	信用借款
		1 年	2500.00	信用借款
深水光明	深圳农村商业银行	8 年	1378.25	信用借款
深圳水务投资有限公司	平安银行	1 年	2500.00	信用借款
		1 年	4000.00	信用借款
	华商银行	6 个月	6500.00	信用借款
	中国银行	1 年	700.00	信用借款
		1 年	1000.00	信用借款
	国家开发银行	12 年	2500.00	质押贷款
		12 年	1300.00	质押贷款

续表

借款单位	贷款行	期限	借款金额	借款方式
深圳水务投资有限公司	国家开发银行	12 年	330.00	质押贷款
		11 年	2520.00	质押贷款
		11 年	1890.00	质押贷款
		12 年	1260.00	质押贷款
		12 年	875.00	质押贷款
		12 年	1800.00	质押贷款
		12 年	2500.00	质押贷款
		12 年	1120.00	质押贷款
常州城北	平安银行	1 年	3240.00	保证借款
开平珠江	建设银行	10 年	3000.00	保证借款
坪地水务	农村商业银行	8 年	1332.80	信用借款
		8 年	3134.20	信用借款
开平供水	农村信用合作社	10 年	11000.00	抵押贷款
惠州金山	交通银行	11 年	6850.00	质押贷款
池州公司	国家开发银行	15 年	4329.27	保证借款
滕州清河	华商银行	10 年	1000.00	保证借款

资料来源：深圳市水务（集团）有限公司2014年第一期短期融资券募集说明书。

截至 2013 年 9 月末，深圳水务集团本部及其下属子公司银行贷款合计 15.46 亿元，其中短期贷款（1 年期及以内）合计 9.35 亿元，占全部银行贷款的 60.49%。从借款单位看，集团本部短期贷款 5 亿元，占全部贷款总额的 32.35%；深圳本地（本部及其他本体水务企业）贷款 8.99 亿元，占全部贷款总额的 58.15%；集团异地水务项目贷款额 6.47 亿元，占比 41.85%。

从借款方式看，深圳水务集团银行贷款分为信用借款、保证借款、质押贷款、抵押贷款，共计 45 笔贷款，其中信用借款 29 笔，合计 10.91 亿元，占全部贷款金额的 70.55%；保证借款共 4 笔，合计 1.16 亿元，占比 7.49%；抵押贷款 1 笔，计 1.1 亿元，占比 7.12%；质押贷款共 11 笔，合计 2.29 亿元，占比 14.84%。

深圳水务集团的保证借款为深圳水务集团下属子公司深圳市水务投资有限公司为集团下属池州公司、常州城北、开平珠江和滕州清河四家企业的银行借款提供的担保，此 4 笔贷款同时也通过收费权质押。保证借款主要为深圳水务集团投资的异地项目。

深圳水务集团的抵押贷款为集团下属子公司开平供水从农村信用合作社获得的 1.10 亿元借款，抵押物为 3 处土地和管道，合计评估价值 1.39 亿元。深圳水务集团的质押贷款情况见表 5-25。

深圳水务集团的质押贷款情况（截至 2013 年 9 月 30 日）（单位：万元）　　表 5-25

借款单位	贷款行	期限	贷款额	质押物	账面价值
深圳市水务投资有限公司	国家开发银行	12 年	2500.00	滕州公司股权收费权质押	6427.00
		12 年	1300.00	兴长污水股权收费权质押	2000.00
		12 年	330.00	长兴水务股权质押	4200.00
		11 年	2520.00	九江水务股权质押	8703.00
		11 年	1890.00	鹤壁污水股权收费权质押	4103.00
		12 年	1260.00	鹤壁污水股权收费权质押	
		12 年	875.00	池州水务股权质押	4869.00
		12 年	1800.00	焦作水务股权质押	7496.00
		12 年	2500.00	开平供水股权质押	7815.00
		12 年	1120.00	宣城水务股权质押	3611.00
惠州金山	交通银行	11 年	6850.00	股权、收费权质押	6800.00

资料来源：深圳市水务（集团）有限公司2014年第一期短期融资券募集说明书。

从上表看，质押贷款主要用于深圳水务集团的异地水务投资项目，质押物主要为企业的股权和收费权，贷款为 10 年期以上的长期贷款。从质押物账面价值看，普遍高于贷款额。

（三）直接融资分析

从上文的负债结构分析看，银行贷款是深圳水务集团目前的主要融资渠道。但这种融资模式组合，即主要通过银行贷款获得，面临着融资渠道较窄、成本较高、融资条件受政策波动影响较大等问题。2011 年后，深圳水务集团通过发行一系列的企业债券，包括中期票据、短期融资券等形式，偿还较高利率的贷款，提高集团直接融资比重，优化融资结构，降低融资成本。

深圳水务集团中期票据发行情况　　表 5-26

2011 年度第一期中期票据	发行总额（亿元）	5	票面年利率（%）	5.98
	发行价格（元 / 百元面值）	100	面值（元）	100
	计息方式	附息固定	付息频率	每年付息，到期一次还本付息
	发行日	2011 年 11 月 8 日	期限	3 年
2012 年度第一期中期票据	发行总额（亿元）	2	票面年利率（%）	4.36
	发行价格（元 / 百元面值）	100	面值（元）	100
	计息方式	附息固定	付息频率	每年付息，到期一次还本付息
	发行日	2012 年 6 月 28 日	期限	3 年

续表

2013 年度第一期中期票据	发行总额（亿元）	5	票面年利率（%）	—
	发行价格（元 / 百元面值）	100	面值（元）	100
	计息方式	附息固定	付息频率	每年付息，到期一次还本付息
	发行日	2013 年 7 月 18 日	期限	3 年
2014 年度第一期中期票据	发行总额（亿元）	2.5	票面年利率（%）	5.48
	发行价格（元 / 百元面值）	100	面值（元）	100
	计息方式	附息固定	付息频率	每年付息，到期一次还本付息
	发行日	2014 年 5 月 20 日	期限	3 年

资料来源：根据深圳水务集团历次中期票据上市公告书整理。

深圳水务集团短期融资券发行情况　　表 5-27

2014 年度第一期短期融资券	发行总额（亿元）	2	票面年利率（%）	5.2
	发行价格（元 / 百元面值）	100	面值（元）	100
	计息方式	附息固定	付息频率	到期一次还本付息
	发行日	2014 年 5 月 22 日	期限	1 年
2014 年度第二期短期融资券	发行总额（亿元）	3	票面年利率（%）	4.3
	发行价格（元 / 百元面值）	100	面值（元）	100
	计息方式	附息固定	付息频率	到期一次还本付息
	发行日	2014 年 11 月 14 日	期限	1 年
2015 年度第一期短期融资券	发行总额（亿元）	3	票面年利率（%）	4.04
	发行价格（元 / 百元面值）	100	面值（元）	100
	计息方式	附息固定	付息频率	到期一次还本付息
	发行日	2015 年 5 月 7 日	期限	1 年

资料来源：根据深圳水务集团历次短期融资券上市公告书整理。

（四）深圳水务集团融资结构的形成原因

根据调研情况显示，深圳水务集团利润水平是深圳水务融资结构的根本因素。从供水价格看，深圳城市水价在全国中属于中上游，但深圳当地缺乏水源，外部引水成本过高，水价中 70% 为原水成本，去除原水因素，深圳水价在全国中属于较低水平。但这种水价的调整也较为滞后，滞后于材料及人工成本的涨幅。且深圳水务集团在合资后，政府对供水的投资及运营责任进行了较为完善的切割。因此既往水务集团融资偏好于短期银行信贷，属于无奈之举，只能选用利率较低、融资成本较低的方式。

五、深圳水务投资的政府与企业责任划分

根据调研取得的资料《深圳经济特区第四轮市区政府投资事权划分实施方案》，期限为2011年1月1日～2015年12月31日。关于水务投资的具体划分情况如表5-28所示。

深圳水务项目投资责任分配情况　　表5-28

项目分类		投资责任分配
引水工程		市政府投资、组织实施
水库建设	市管水库	市政府投资、组织实施
	区管水库	区政府（含新区）投资、组织实施
供水管网	市管水库至水厂的供水管网	市政府投资、组织实施
	区管水库至水厂的供水管网	区政府（含新区）投资、组织实施
	水厂至用户的供水管网	供水企业投资、组织实施
	与市政道路同步建设的供水管网	按道路投资主体进行投资、组织实施或社会投资
河道综合整治	界河及跨区河干流	市政府投资、组织实施
	支流及其他河流	区政府（含新区）组织实施
污水处理厂和再生水厂		市政府投资、组织实施或社会投资
市政排水管网	企业特许经营范围内的排水管网改造、完善	企业投资、组织实施
	市政污水收集干管、支管、接驳管网	市政府投资、区政府（含新区）组织实施
	其他新建及改造（含城中村）市政排水管网	区政府（含新区）投资、组织实施

第三节　投融资经验总结

一、明晰城镇供水建设投资责任

借鉴深圳市城镇供水投资经验，建议明晰政府与企业的城镇供水基础设施建设投资责任，对于水厂到用户的供水管网由供水企业进行建设与维护，对于与市政道路同步建设的供水管网，按道路投资主体进行投资、组织实施或社会投资，而政府负责库区到水厂的管网投资。

二、大额的外部融资具有重要作用

水务行业投资具有投资金额大、投资回收周期长等特点，在企业改制或发展初期，如果没有充足的外部资金支持，依靠企业自有资金，很难实现厂网的新建、改扩建等工程。

重庆水务在 2003 年接受的 30 多亿三峡库区国债资金，深圳水务在 2003 年股权转让时获得的 33.1 亿元入资，都较好地促进了水务企业的改制进程与厂网投资。大额资金支持对于水务企业壮大资产起到了重要作用，也为水务企业后续整合扩张提供了良好的基础。

三、确定合理的定价机制

结合重庆水务、深圳水务的融资情况，合理稳定的水务产品价格（包括政府定价对企业的隐性补贴）是水务企业偿债能力的保障。重庆政府的污水处理价格给予重庆水务集团污水处理业务丰厚的利润，良好的财务状况成为重庆水务上市及债务融资的保障。深圳政府的水务产品价格保证了深圳水务集团 20% 左右的稳定毛利润，企业主营业务收入成为深圳水务银行贷款及企业债券发行的偿债保证。

四、提高直接融资占比

重庆水务发行的“05 渝水务”、“12 渝水务”公司债券，深圳水务 2011 年后各年发行中期票据及短期融资券，都有效地提高了企业直接融资的比重。根据案例中企业债券票面利率与银行同期贷款基准利率的对比，直接融资利率普遍低于银行贷款利率。从企业的实际运作看，重庆水务资金相对较为充足，主要依靠上市募资与公司债券融资，融资成本较低；深圳水务的传统融资渠道以银行贷款为主，其中短期贷款占主要部分，意在通过相对较低利率的短期贷款周转企业营运资金，便于企业利用自有资金进行水务投资（该融资安排需要企业与贷款银行保持较好的关系，或企业信用评级较高，或银行具有较为宽松的风险管控），2011 年后，深圳水务通过发行相对期限较短的企业债券，置换原有高利率的银行贷款，降低融资成本。

但需要注意的是，企业债券的发行具有较为严格的条件，对企业的资产净值提出较高要求，6000 万元的净值标准将会阻碍小型城市或县域水务企业的直接融资。

五、鼓励异地投资

针对水务行业，其投资资金量大、投资回收周期长、收益稳定、政策影响大等特点，水务行业对私人资本的引资能力不足。此外，水务行业专业化程度高、质量安全要求严格，对于缺乏水务行业运营经验的私人资本的经营能力也会受到质疑。

深圳水务集团自 2005 年以来积极进行异地水务投资，且主要通过股权转让、TOT、BOT 等方式，从广义上属于 PPP（Public-Private-Partnership）项目范畴，具有丰富的水务投资经验和专业的水务运营能力，其异地水务投资取得了良好的效果，并形成可观的资产规模。深圳水务的经验说明大型水务企业打破地域壁垒，开展异地投资是可行的。

此外，异地水务投资虽然在区域水务运营上不具有明显的规模效应，但水务行业稳定的利润却可以为水务异地投资企业提供良好的关联方资金拆借条件，形成资金的规模化。

第六章　城镇供水投融资辅助决策

城镇供水投融资也有着重要的辅助决策工具，决策重点在于对项目的绩效考评。这些辅助决策包括前期的环境评估、融资模式评估、综合绩效评估和辅助平台。

第一节　城镇供水投融资前期风险环境评估

在评估城镇供水适用的投融资模式之前，需要分析城镇供水投融资模式所面临的环境及可能存在的风险，即了解投融资模式选择评估结果的不确定性。前期评估的评价指标框架设计如图 6-1 所示。

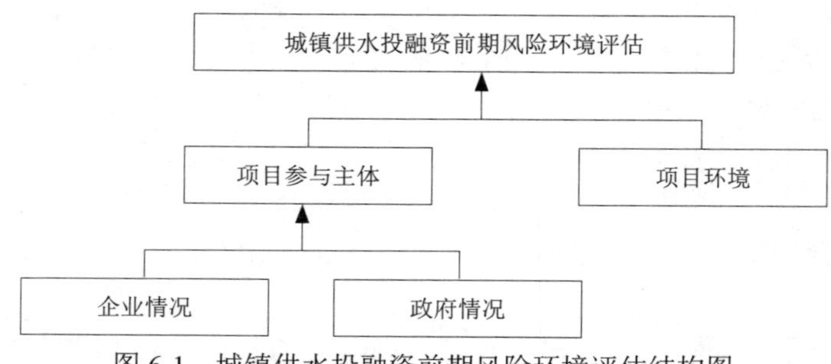

图 6-1　城镇供水投融资前期风险环境评估结构图

前期评估的评价指标设计如表 6-1 所示，在分析具体案例时结合实际情况可做进一步修订，评估拟参考多因素评估法，具体操作如下：

运用多因素评估法评价投资环境，先由专家对各类因素的子因素做出综合评价，然后据此对该类因素作出优、良、中、可、差的判断，最后以公式计算投资环境总分。公式如下：

投资环境总分$=\sum W_i(5a_i+4b_i+3c_i+2d_i+e_i)$

其中，W_i 表示第 i 类因素的权重；a_i、b_i、c_i、d_i、e_i 分别为第 i 类因素被评为优、良、中、可、差的百分比，且满足 $a_i+b_i+c_i+d_i+e_i=1$（i=1，2，3，……，n）。投资环境总分的取值范围在 1 ～ 5 之间，越接近 5，说明投资环境越佳。对各因素的权重设定对于评价结果具有关键影响，权重设定可运用层次分析方法，设定方法将在下文投融资模式评估部分一并介绍。

城镇供水投融资前期风险环境评估指标体系　　**表 6-1**

决策层	准则层	细分指标
城镇供水投融资前期风险环境评估	项目环境	政策稳定性预期
		经济增长预期
		技术条件

续表

决策层	准则层	细分指标	
城镇供水投融资前期风险环境评估	项目环境	基础设施条件	
		法制环境	
	项目参与主体	政府情况	政府体制
			政府信誉
			政策稳定性
			对投融资模式的理解与经验
		企业情况	企业性质—股权结构
			企业经营资质
			企业在行业中的地位
			对投融资模式的理解与经验

第二节　城镇供水投融资模式的评估

城镇供水投融资模式的评估，在设计上兼顾经济性与公共性，其中经济性方面，分为融资分析与投资分析，各自设立细分指标。该评估可以采用层次分析法（Analytic Hierarchy Process），简称 AHP 进行。

层次分析法是一种定量与定性相结合、系统化、层次化的分析方法。细分指标的设计可以根据具体适用的情况而做出修订，指标权重可采用德尔菲法，通过召集权威专家打分对指标权重进行排序，将专家的排序结果通过层次分析法赋值。

城镇供水投融资模式评估指标样表　　　　**表 6-2**

决策层	准则层	二级准则层	细分指标	打分	权重
城镇供水项目综合绩效评价	经济性	融资分析	财务风险—杠杆系数	德尔菲法结果	层次分析计算
			偿债能力	—	—
			融资成本	—	—
		投资分析	内部收益率	—	—
			财务净现值	—	—
			投资回收期	—	—
			成本收益敏感性	—	—
			价格收益敏感性	—	—
	公共性	国民经济效果	符合国家大政方针	—	—
			符合地区经济发展程度	—	—
			符合城市发展目标程度	—	—

续表

决策层	准则层	二级准则层	细分指标	打分	权重
城镇供水项目综合绩效评价	公共性	社会效益	基础设施利用效率	—	—
			受益人与受影响公众比率	—	—
			直接就业增加效果	—	—
			间接就业增加效果	—	—
			公众支持率	—	—
		资源环境效益	施工对环境影响	—	—
			基础设施对生态影响	—	—
			水资源节约情况	—	—
			工程消耗资源情况	—	—

首先，根据前文评价指标设计体系，建立层次结构模型如图 6-2 所示，该图中仅显示了层次结构的决策层与准则层，层次结构的方案层根据评价对象确定。

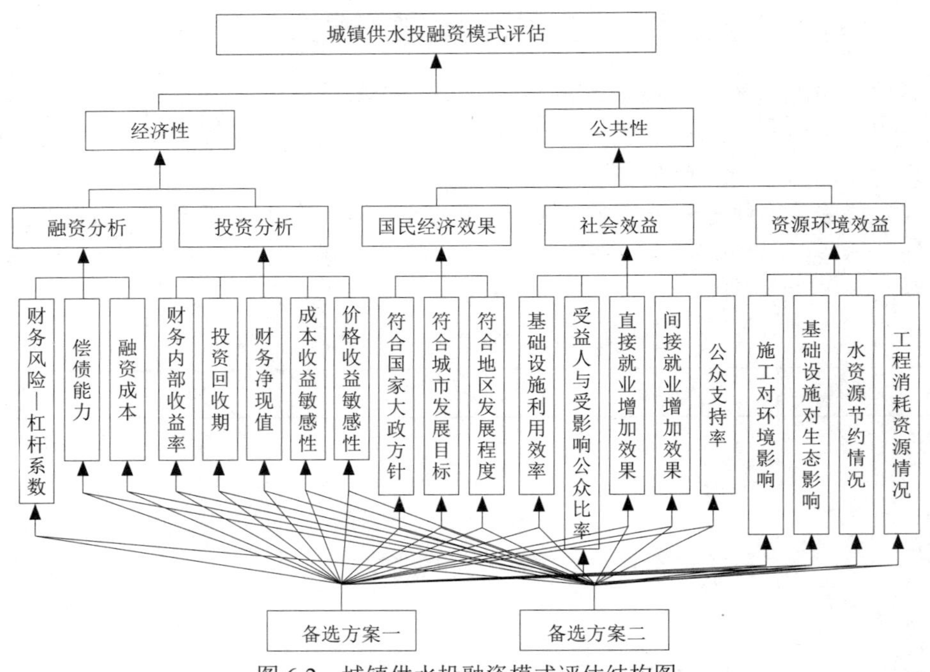

图 6-2　城镇供水投融资模式评估结构图

然后，构造成对比较矩阵并确定因素间比较结果。模拟德尔菲法结果，对指标权重进行赋值，按照 A 对比 B，可根据重要程度划为 1 ～ 9 分，或对应的倒数。例如，如果认为 A 与 B 同样重要，则评分为 1∶1，即为 1。若 A 相对于 B 比较重要，则评分为 5∶1，即为 5，若认为 B 相对于 A 绝对重要，则评分为 1∶9，即为 1/9。具体模拟打分结果如表 6-3 所示。

城镇供水投融资模式评估指标模拟打分结果　　表 6-3

指标级次	待评指标	评价	得分
一级指标	公共性：经济性	1：1	1
二级指标	国民经济效果：社会效益	1：1	1
	国民经济效果：资源环境效益	1：3	1/3
	社会效益：资源环境效益	1：3	1/3
细分指标	符合国家大政方针：符合城市发展目标	5：1	5
	符合国家大政方针：符合地区发展程度	3：1	3
	符合城市发展目标：符合地区发展程度	1：3	1/3
	基础设施利用效率：受益人与受影响公众比率	3：1	3
	基础设施利用效率：直接就业增加效果	3：1	3
	基础设施利用效率：间接就业增加效果	3：1	3
	基础设施利用效率：公众支持率	5：1	5
	受益人与受影响公众比率：直接就业增加效果	1：3	1/3
	受益人与受影响公众比率：间接就业增加效果	1：3	1/3
	受益人与受影响公众比率：公众支持率	1：1	1
	直接就业增加效果：间接就业增加效果	2：1	2
	直接就业增加效果：公众支持率	1：1	1
	间接就业增加效果：公众支持率	2：1	2
	水资源节约情况：基础设施对生态影响	1：1	1
	水资源节约情况：施工对环境影响	5：1	5
	水资源节约情况：工程消耗资源情况	5：1	5
	基础设施对生态影响：施工对环境影响	1：1	1
	基础设施对生态影响：工程消耗资源情况	3：1	3
	施工对环境影响：工程消耗资源情况	1：1	1
二级指标	投资分析：融资分析	1：1	1
细分指标	成本收益敏感性：价格收益敏感性	5：1	5
	成本收益敏感性：财务净现值	1：3	1/3
	成本收益敏感性：投资回收期	1：5	1/5
	成本收益敏感性：财务内部收益率	1：4	1/4
	价格收益敏感性：财务净现值	1：4	1/4
	价格收益敏感性：投资回收期	1：5	1/5

续表

指标级次	待评指标	评价	得分
细分指标	价格收益敏感性：财务内部收益率	1 ∶ 4	1/4
	财务净现值：投资回收期	1 ∶ 2	1/2
	财务净现值：财务内部收益率	1 ∶ 1	1
	投资回收期：财务内部收益率	4 ∶ 1	4
	融资成本：偿债能力	1 ∶ 1	1
	融资成本：财务风险	2 ∶ 1	2
	偿债能力：财务风险	3 ∶ 1	3

根据模拟结果，构造成对比较矩阵。对成对比较矩阵 A 进行简要说明，成对比较矩阵 A 形式如下：

$$A=(a_{ij})_{n\times n}=\begin{bmatrix} a_{11} & a_{12}\cdots & a_{1n} \\ a_{21} & a_{22}\cdots & a_{2n} \\ \cdots & \cdots\ \cdots & \cdots \\ a_{n1} & a_{n2}\cdots & a_{nn} \end{bmatrix}$$

其中，假设某层有 n 个因素，a_{ij} 表示第 i 个因素相对于第 j 个因素的比较结果，$a_{ij}=\frac{1}{a_{ji}}$，成对比较矩阵用于表示本层因素对上一层准则或目标的影响程度排序。本节评价指标在准则层面分三层设计，各层分别构造本层与上一层相关准则或目标的成对比较矩阵。在一级准则层权重设计上，假定经济性与公共性权重为0.5，不予偏废，在实际操作中，可以根据具体项目要求进行调整。二级准则层及细分指标层根据模拟的德尔菲法结果进行赋权，具体计算结果如下所示：

分析公共性的成对比较矩阵。涉及因素依次为国民经济效果、社会效益、资源环境效益，矩阵如下：

$$A_g=\begin{bmatrix} 1 & 1 & 0.33 \\ 1 & 1 & 0.33 \\ 3 & 3 & 1 \end{bmatrix}$$

分析经济性的成对比较矩阵。涉及因素依次为投资分析、融资分析，矩阵如下：

$$A_e=\begin{bmatrix} 1 & 1 \\ 1 & 1 \end{bmatrix}$$

分析公共性下二级指标的成对比较矩阵。国民经济效果包含符合国家大政方针、符合地区经济发展程度、符合城市发展目标程度等细分指标，矩阵如下：

$$A_{g1}=\begin{bmatrix} 1 & 5 & 3 \\ 0.2 & 1 & 0.33 \\ 0.33 & 3 & 1 \end{bmatrix}$$

社会效益包含基础设施利用效率、受益人与受影响公众比率、直接就业增加效果、间接就业增加效果、公众支持率等细分指标，矩阵如下：

$$A_{g2}=\begin{bmatrix} 1 & 3 & 3 & 3 & 5 \\ 0.33 & 1 & 0.33 & 0.33 & 1 \\ 0.33 & 3 & 1 & 2 & 1 \\ 0.33 & 3 & 0.5 & 1 & 2 \\ 0.2 & 1 & 1 & 0.5 & 1 \end{bmatrix}$$

资源环境效益包含施工对环境影响、基础设施对生态影响、水资源节约情况、工程消耗资源情况等指标，矩阵如下：

$$A_{g3}=\begin{bmatrix} 1 & 1 & 5 & 5 \\ 1 & 1 & 1 & 3 \\ 0.2 & 1 & 1 & 1 \\ 0.2 & 1 & 1 & 1 \end{bmatrix}$$

分析经济性下二级指标的成对比较矩阵。融资分析融资成本、偿债能力、财务风险—杠杆系数等细分指标，矩阵如下：

$$A_{e1}=\begin{bmatrix} 1 & 1 & 2 \\ 1 & 1 & 3 \\ 0.5 & 0.33 & 1 \end{bmatrix}$$

投资分析包含成本收益敏感性、价格收益敏感性、财务净现值、投资回收期、内部收益率等细分指标，矩阵如下：

$$A_{e2}=\begin{bmatrix} 1 & 5 & 0.33 & 0.2 & 0.25 \\ 0.2 & 1 & 0.25 & 0.2 & 0.25 \\ 3 & 4 & 1 & 0.5 & 1 \\ 5 & 5 & 2 & 1 & 4 \\ 4 & 4 & 1 & 0.25 & 1 \end{bmatrix}$$

经检验，上述矩阵通过矩阵一致性检验，权重计算结果如表 6-4 所示。

城镇供水投融资模式评估指标权重计算结果 **表 6-4**

决策层	准则层	权重	二级准则层	权重	细分指标	权重
城镇供水项目综合绩效评价	经济性	0.5	融资分析	0.25	财务风险—杠杆系数	0.042
					偿债能力	0.111
					融资成本	0.097
			投资分析	0.25	内部收益率	0.050
					财务净现值	0.055
					投资回收期	0.110
					成本收益敏感性	0.023
					价格收益敏感性	0.012

续表

决策层	准则层	权重	二级准则层	权重	细分指标	权重
城镇供水项目综合绩效评价	公共性	0.5	国民经济效果	0.1	符合国家大政方针	0.064
					符合地区经济发展程度	0.026
					符合城市发展目标程度	0.010
			社会效益	0.1	基础设施利用效率	0.045
					受益人与受影响公众比率	0.009
					直接就业增加效果	0.019
					间接就业增加效果	0.017
					公众支持率	0.011
			资源环境效益	0.3	施工对环境影响	0.042
					基础设施对生态影响	0.083
					水资源节约情况	0.142
					工程消耗资源情况	0.032

第三节　城镇供水投资综合绩效评价

城镇供水投资综合绩效主要负责已经实施项目的事中及事后考评，区别于项目投资环境评价与投融资模式选择评估这些事前环节，该项考评是针对已经发生的情况进行评价而非预测评估。

涉及准公共物品投融资项目的绩效评价，需要厘清两个前提：其一，投融资项目如何权衡或评价项目的经济性与公益性；其二，投融资项目是否可以细分，哪一部分侧重公益性或具有公共物品特性，哪一部分可以放手让市场运作。就城镇供水而言，作为水的生产与供应行业，原水属于国家资源，但供水企业出售的是水的加工品，作为产品生产者，通过提供生产与服务获取利润，可以通过市场化运营来解决产品供应。但另一方面，自来水的供应需要管网输配，而这一过程是伴随着城市建设及规划进行的，具有自然垄断属性，具有准公共物品的特征，因此，供水系统又具有明显的公益性。对现行城镇供水的绩效评价，需要综合考虑项目的经济性与公益性。

当前水务市场信息透明度较差，计划经济特性的残留还较多，很多成本及经营数据难以取得，此外，关于公益性绩效的评价衡量，一方面缺乏有效可量化的指标，另一方面也缺乏规范权威的数据。因此在应对该问题时，绩效评价主要从两方面进行：其一，利用现有的经营数据对项目或企业的生产经营绩效进行评价，该数据重点反映其经济性绩效；其二，设计综合考虑公益性与经济性的综合绩效评价指标体系，为进一步收集企业信息、评价项目综合绩效提供参考建议。

综合上述要求，在运营阶段的绩效评价将借鉴首创股份的“十一五”课题“城市供水企业绩效管理”指标体系，指标架构如表 6-5 所示。

水务投融资综合绩效评价体系　　表 6-5

决策层	准则层	指标层
城镇供水企业运营绩效评价指标体系	服务类指标	电话接通率
		投诉处理及时率
		用户满意度
		管网修理及时率
		居民家庭用水量按户抄表
	运行类指标	新国标 106 项达标率
		出厂水水质 9 项综合合格
		管网水水质 7 项综合合格
		管网压力合格率
		供水单位综合电耗
	资源类指标	水资源利用率
		地表水厂自用水率
		管网漏损率
	资产类指标	水厂供水能力利用率
		配水系统调蓄水量比率
		大中口径管道更新改造率
	财务类指标	主营业务利润率
		资产负债率
		当期水费回收率
		产销差率
		产销差水量成本损失率
	人事类指标	人均日售水量
		运行岗位持证上岗率
		中级及以上专业技术人员

第四节　城镇供水安全保障投融资辅助决策平台

在综合绩效评价、投融资模式环境评估等模块的支撑下，依托层次分析法、多因素评价法以及资产评估技术等技术可以形成城镇供水安全保障投融资辅助决策平台。

平台的架构如图 6-3 所示：

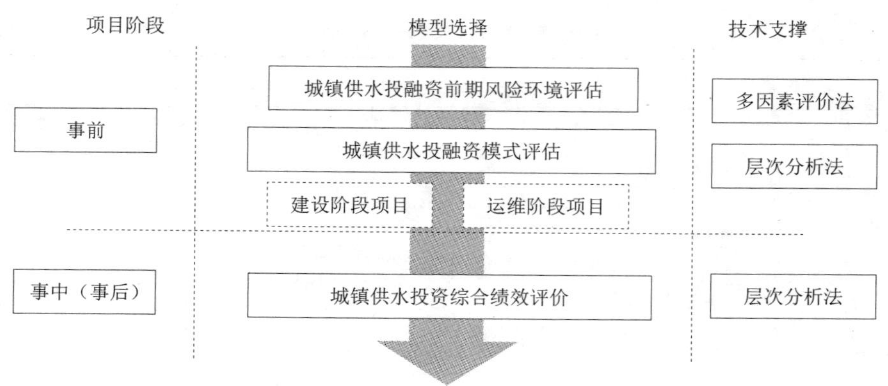

图 6-3　城镇供水安全保障投融资辅助决策平台架构图

辅助决策平台对项目事前、事中、事后可以实现全程跟踪。项目事前阶段是投融资决策的重中之重，是关系城镇供水投融资项目能否成功、能否实现高水平综合绩效的关键。通过对宏观项目环境的考察，以及对项目参与主体能力的评估，可以决定供水投融资项目能否顺利落地，同时有助于政府与企业根据项目环境实施有针对性的对策，改进投融资环境与项目执行能力。通过投融资模式的评估，有助于政府在多种投融资模式，以及同种投融资模式不同企业间进行招标决策。综合绩效评价模型可以观察项目的运作情况，有助于项目主体对项目进行及时的调整，也为城镇供水后续项目提供经验参考。该平台项目各阶段的评价结果可以相互印证，并适时调整相应技术指标，形成一个良性运转，具有成长性的项目辅助决策平台。

第七章　完善我国城镇供水行业投融资体系

第一节　原则：兼顾公益性与经济性

一、明确政府管理责任，保障供水安全与民生公益

供水保障是地方政府的首要责任之一。我国的各级政府在城镇供水行业投融资体系构建的过程中理应负有直接管理责任。建议进一步修订和完善《中华人民共和国城市供水条例》，逐步明确规定市、县两级政府承担不可转移的安全供水服务责任。要强化责任追究落实，本级政府分管领导为直接领导责任人，业务主管部门一把手为第一责任人。在市场化改革后，政府供水服务责任应该通过加强监管来确保落到实处。只有政府的管理责任落实到位，城镇供水行业投融资体系的构建才能得以顺利推进。

二、深化市场化改革，明晰市场边界

虽然城镇供水带有公益性，但从实践看，城镇供水主体具有市场化趋势，在外资与民间资本进入下，部分地区政府有退出意图。从运营上看，作为市场资源配置最有效的价格工具，还始终掌握在政府物价部门，因此造成城镇供水市场化的畸形发展。从某种意义上说，城镇供水投融资问题解决的根本在于理清城镇供水市场化的思路，区分哪些领域可以放开采用市场手段配置资源，哪些领域应该由政府承担责任。就城镇供水的准公共物品性质而言，水厂实质上是水务商品的生产者与提供者，政府应承担保障供水安全的责任，即监管供水质量，而城镇供水领域中真正意义具有准公共物品性质的，应该是城镇供水的管输设备，即供水管网。深化城镇供水市场化改革，需要明确如上思路，从而分清市场运营边界与政府投资责任。

三、明晰政企投资责任，规范拓展融资渠道

具体在投资责任方面，政府和企业都可以参与进来发挥不同作用，并积极拓展各方面的投融资渠道。政企投资责任及融资渠道大致关系可以按照以下结构图（图7-1）安排。

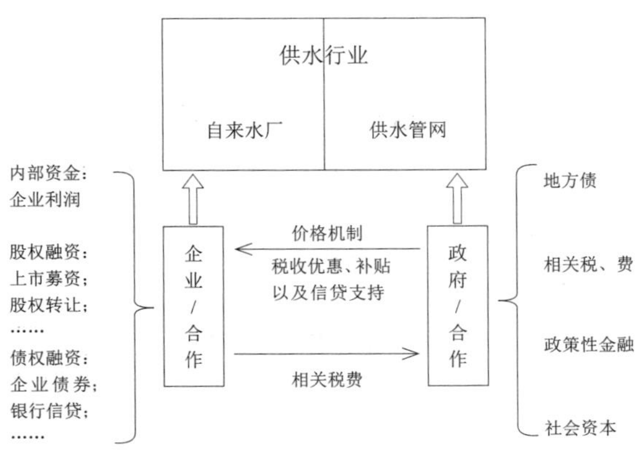

图7-1　政企投资责任及融资渠道框架图

第二节　更好发挥公共财政作用

一、满足基础设施建设和水质监测的费用

深圳水务的成功经验在于，对新建水务及配套的管线建设，由政府统筹投资建设新管线，并使用地方债筹集资金。有条件的地方政府应将管网投资及维护责任从供水企业剥离出来，这样有助于更好地确定城镇供水企业与供水管网运营主体的责权利关系。除此之外，对于水质监测等常规项目，也需要政府安排预算项目保障日常资金支持。

相对于东部发达地区，中西部大部分地区政府的偿债能力较弱，依靠地方债务进行供水管网的基础设施建设对于当地财政负担较为沉重，且中西部地区的基础设施发展程度也不及东部地区，建设投资任务重。公共财政在基础设施上要向这些地区倾斜。

二、扩大政府公共财政对供水的专项投入

供水财政专项资金已成为供水建设投资的重要来源，在城市供水管网建设和维护等方面发挥了重要的作用。建议中央、省、市、县各级政府逐步加大城镇供水专项投入力度。一方面，要继续大幅度增加中央和省级供水财政专项投资规模，建立城市供水建设资金稳定增长的机制，逐步加大中央和省级供水设施建设补助专项资金规模。另一方面，市、县供水主管部门要将各自供水规划任务和实施计划向当地人民政府主要领导作专题汇报，积极争取将项目建设资金列入当地财政预算，加大地方财政投入。要争取将城市建设维护资金、土地出让收益、市政工程配套费的一定比例用于工程项目。要主动配合发展改革部门做好中央预算内投资的安排，对获得资金支持的项目要加强监督检查，确保资金发挥效益。

三、优化水价和财政补贴机制

我国城镇供水企业的成本是多方面的，除了城市供水基础设施建设、管网更新维护改造、员工工资福利等成本外，在制水环节的原水费、电费、药剂费以及水质监测费等也占据了供水企业成本的很大比重。拿电费来说，城市供水系统是城市的用电大户，而供水企业的耗电的 90% 以上是消耗在水泵电机提升供水上。因此，要优化城镇供水行业价格和财政补贴机制，逐步理顺水价形成机制，制定合理价格，使城镇供水企业能够补偿合理成本、取得合理收益。同时应该建立城镇供水行业上下游价格联动机制，政府财政对于供水的成本也应建立相应的激励补贴机制，鼓励城镇供水企业为社会提供更优质的服务。

四、加强税收优惠扶持力度

目前，我国城镇供水企业负担的税费主要有增值税、企业所得税、城建税、教育费附加、地方教育附加、房产税、城镇土地使用税、印花税等。我国供水行业的税收优惠政策梳理如表 7-1 所示。

我国供水行业的税收优惠政策主要有优惠税率、税收抵免、延期纳税、折旧加速和相关投资退税等。比如对因拖欠水费而导致供水企业缴税困难的，予以延期纳税等政策；对供水企业新购置的环保方面的机器设备允许加速折旧等。但总体看，对城镇供水行业影响

最大的在于增值税。从供水行业增值税政策发展看，我国对供水行业的税收优惠力度较高。根据《增值税暂行条例》规定，城镇供水适用于一般纳税人的 13% 低税率，但在实际操作中，早在增值税设立之初，对城镇供水行业就实行了 6% 的简易征收税率。在 1994-2009 年间，国税总局通过发文、批复等形式，实质上先后允许部分城镇供水企业在实行 6% 的简易税率时允许抵扣进项税（6% 计征），该项税收优惠政策力度颇大，切实减轻了城镇供水行业的税负。2009 年，财税 [2009]9 号文规定，自来水企业可选择按照简易办法依照 6% 征收率计算缴纳增值税，但不得抵扣其购进自来水取得增值税扣税凭证上注明的增值税税款。2014 年，财税 [2014]57 号文规定，将自来水企业简易征收税率降为 3%。因此，从历史情况看，我国城镇供水企业税收负担相对较轻。相比增值税，其他税种对于城镇供水行业的税收优惠并不明显。

城镇供水行业涉及税种情况　　**表 7-1**

涉及税种	具体政策
增值税	税率 13%，但实际操作中适用于 3% 的简易征收税率；水价中污水处理费免收增值税
企业所得税	税率 25%；目前水务行业的农村饮水、污水处理等企业纳入了三免三减半优惠范畴，但城镇供水行业尚未纳入
城建税	以实际缴纳的增值税、消费税为基础按照法定比例缴纳，市区 7%、县城和镇 5%、其他地区 1%
教育费附加	以实际缴纳的增值税、消费税为基础按照 3% 缴纳
地方教育附加	统一按增值税、消费税实际缴纳税额的 2% 征收
房产税	按房产余值计征的，年税率为 1.2%
城镇土地使用税	采用定额税率，视各地标准确定

建议保持对城镇供水行业税收优惠支持力度，并进行行业税收优惠政策的创新。就企业所得税来说，当下的优惠政策门槛偏高。目前，我国城镇供水行业所得税税率为 25%，优惠政策主要为“三免三减半”，且主要局限在城镇污水处理、农村饮水等项目，城镇供水项目并不能享受该项优惠。再如，房产税和土地使用税，也没有形成一定的优惠导向，许多城镇供水企业用于治污设施的生产经营性用房及所占土地需要承担较重的房产税和土地使用税的负担，客观上提高了治污成本，不利于民间资本的进入。为此，可以考虑进行制度创新，一方面，城镇供水企业可以比照高新技术企业享受所得税优惠标准，对其所得税减按 15% 税率征收。另一方面，城镇供水企业可以比照由国家财政部门拨付事业经费的单位免征房产税和土地使用税，对供水企业用于污水处理等方面的生产经营性用房及所占土地免征房产税和城镇土地使用税。

在完善和创新税收优惠政策的同时，要注重发挥政策效应，确保政策落到实处。目前，部分优惠政策还存在落实不到位和落实力度不够等现象。因此，应加强监督，保证供水行业的税收优惠政策的落实到位，充分挖掘现有税收优惠政策的效应，促进城镇供水行业的发展。此外，在确保加大供水行业税收优惠力度的同时，应建立起税收优惠的效应评估制度。通过对税收优惠政策落实后对供水行业相关经济指标表现的衡量测算，评估税收优惠政策的效率高低及是否达到了预期效果。首先应建立起绩效统计和估算制度，通过对各级税务机关提供的相关数据，统计出现有和即将推行的供水行业税收优惠项目。而后，采取国际通行的净效益现值评估方法、效益成本比评估方法和内部收益评估方法等方法测算出税收优惠政策对供水行业的影响效应大小。

第三节　规范政府水务项目融资渠道

一、鼓励具备偿债能力的地方政府发行地方债

由于水务产品实行的政府定价机制，各地方政府的水务价格政策不同决定了各地水务企业的经营状况差异显著，企业盈利水平不同。这种差异长期存在导致了各地水务基础设施发展的差异，投融资需要不同。从城镇水务行业固定资产投资情况看，近年来县域水务投资增长显著，且保持上升趋势，未来县域水务投资需要仍将扩大。相对而言，县域水务企业资产规模较小，缺乏直接融资渠道（其资产规模多不满足于企业债券发行要求），主要依靠地方财政与银行间接融资，融资成本较高。

因此，针对融资困难供水企业，建议允许地方政府发行地方债以及国债转贷，尽可能满足供水企业厂网投资需要，保证基础设施水平。从理论层面，地方债投向基础设施较当期预算资金拨付进行投资更为合理。根据李嘉图等价定理，当期债务等价于未来相应增加的税收，考虑到基础设施使用年限与收益人群，发行地方债更符合谁受益谁承担的匹配原则。

二、规范现行水资源费等相关费用的征收与使用

水资源费是体现地表和地下水资源价值的收费，污水处理费是为了补偿城市污水处理和排水服务产生的成本而收取的费用，二者的征收都是运用经济手段，促进用水效率的提高和节约用水。我国相关法律法规对污水处理和水资源费的征收和使用都做了明确规定。当前，在我国尚未开征水资源税和环境保护税的制度空档期内，我们要进一步规范污水处理费和水资源费的征收和使用。

当前城镇供水行业征收的水资源费存在于两个环节，有重复征收之嫌，但实质上两个环节的水资源费担负着不同的功能与意义。在分析城镇供水行业的水资源费征收情况时，将两个环节的水资源费名为“水资源费 1”与“水资源费 2”。城镇供水企业在取水环节时需要向水务管理部门缴纳水资源费，以下称为“水资源费 1”，体现了水作为资源有偿取用的机制。供水企业缴纳的“水资源费 1”作为企业原水费用的一部分，作为制水成本，统计在企业自来水供水成本中。当前城镇供水定价机制为成本加税费加合理利润，因此在一个水价灵活调整的前提下，“水资源费 1”实质上通过水价转嫁给了消费者。在用水环节，消费者在水价中需要缴纳水资源费，名为“水资源费 2”，该笔费用由消费者承担，有助于调节居民对自来水的消费行为，有助于居民养成节水习惯。综上，城镇供水行业水资源费缴纳涉及两个环节，但两个环节发挥了不同的作用。

此外，我国对以上两项目行政事业收费在征收和使用上有相关的法律法规进行了明确规定，但是由于缺乏明确可行的实施条例和地方政府执行上的不严格性，使水资源费和污水处理费在征收和使用上存在许多问题。水资源费存在着征收标准存在差异、征收结构设

计不合理、水资源费征收标准普遍偏低、地方政府随意减免水资源费和水资源费使用缺乏规范等问题。另外，水资源费的征收和使用的不透明使民众对水价的合理上涨也存在着较大的抵触，这不利于水价全成本回收政策的落实。污水处理费存在着征收标准偏低、定价方法不合理、未能做到专款专用等问题。少征、挪用和截留污水处理费，应征未征、单位欠缴污水处理费等现象严重。

水资源费和污水处理费的征收和使用关系供水行业的稳定发展，我们应做到以下三点。第一，完善相关法律法规，细化征收和使用的具体实施条例，通过相关部门或者引入第三方机构的监督，规范“两费”的征收和使用。第二，加强审计力度，对少征、挪用和截留“两费”现象进行通报和严厉处置，对应征未征、单位欠缴“两费”的情况，督促及时的征收与处罚。第三，加大政务公开力度，及时公布“两费”的款项使用详情，保障民众的知情权，引入社会监督的力量，促进“两费”专款专用的落实。

三、加强城镇供水行业政策性金融扶持力度

建议加强政策性金融对中西部水务基础设施建设的支持。中西部水务基础设施建设，特别是供水管网的更新改造升级，对于当地供水企业与地方财政都存在巨大压力，而中西部地区却又面临着水企盈利能力差、管理粗放、地方债偿债风险高等问题，需要政策性金融加大扶持力度。对于该类基建金融扶持举措，建议按项目审批做到有的放矢，并切实衡量当地的水企与财政实际运作情况。

第四节　明确企业投资责任，拓展融资渠道

一、建议城镇供水厂网分离，企业承担水厂的建设及维护

就城镇供水的自然垄断特性而言，水厂与供水管网的特征是有差异的，水厂实质上是水务商品的生产者与提供者，城镇供水领域中真正意义具有准公共物品性质的是城镇供水的管输设备，即供水管网。建议城镇供水厂网分离，企业承担水厂的建设及维护，以此来厘清政企权责利关系。

二、改革供水定价机制，提高企业融资能力

虽然水价收入产生了越来越多的供水资金，但是水价收入的分配结构不利于供水企业，水价收入转化为供水资金的效率也不高，同时绝大多数供水企业还存在供水成本与供水价格倒挂的现象，因此要想扩宽供水行业的投融资渠道，使供水企业增持更多的自有资金（水价收入），必须合理调整水价。

（一）改革政府水务产品定价机制，保障供水企业利润

由于当前的政府掌握水务产品定价机制，水务企业的经营状况与当地政府的水务行业价格政策息息相关。当前城镇供水、污水处理等水务产品价格普遍为政府核定，即“成本＋税金＋合理利润”，且产品价格为实现市场化，价格变动需要经过供水企业申请、政府核定的流程，价格调整周期长，当企业受市场外部环境影响出现成本变动时，价格得不到及时调整。

除了政府可能压制水价以及价格调整时滞以外，水务产品价格扭曲也是水务行业发展的影响因素之一。当前水务产品对居民采取低价格，且各地普遍低于相应成本，而对非居民用水采取高价格以弥补供水企业成本。居民用水成本倒挂的现象实质是价格倒挂。这种扭曲的价格机制也为企业成本核算与价格核算人为制造了困难，是福利用水的历史延续。

因此，政府水务产品的定价机制改革，实现水务市场化或执行更加灵活的价格调整机制，及时补偿企业成本，保障供水企业利润，是水务行业投融资良好发展的重要基础。

（二）成本倒挂问题亟待通过灵活调整的水价机制来解决

目前，我国城镇供水行业存在供水成本与现行水价倒挂现象。一方面，自来水生产价格形成的资金并不能全部流入供水企业，其中还要减去制水费、税金等等其他费用，最终流入供水企业的净水价收入并不多。另一方面，在制水售水过程中，将产生原材料损耗、动力燃料、机器设备修理及其折旧、职工薪酬福利、三大期间费用等各项支出，这些支出无形中催生高昂的供水成本，相对于较低的水价，两者之间存在成本价格差额。因此，各地供水企业纷纷出现供水成本与现行水价倒挂的现象。这从表 7-2 中可以看出，在所列的 9 个城市中，经由政府物价部门核定的企业供水成本均大于现行的供水价格。由此可知，如果供水企业长期经营亏损，那么随着企业供水量的增加，亏损资金的缺口会越来越大，在没有政府补贴，水价不能上涨的情况下，供水企业是无法持续经营的。

各城市核定企业供水成本与现行水价对比情况　　表 7-2

城市名称	监审时间	核定企业供水成本（元 / 吨）	供水价格（元 / 吨）	成本价格差额（元 / 吨）
北京市	2012 年	3.08	1.70	1.38
广州市	2008—2010 年	2.016	1.32	0.696
武汉市	2009—2011 年	1.24	1.1	0.14
兰州市	2008 年	1.633	1.45	0.183
宁波市	2008 年	2.29	1.75	0.54
洛阳市	2008 年	1.65	1.20	0.45
许昌市	2009 年	1.82	1.41	0.41
保定市	2010 年	2.96	2.45	0.51
茂名市	2009—2011 年	1.93	1.74	0.19

数据来源：各城市供水成本监审报告及相关网站资料。

（三）合理利用用户可承受能力

水价上涨常常遭到反对，其中最有力的批评就是“用户的可承受能力”。如前文所述，低水价不是在资助中低收入者，而是事实上在资助高收入者。此外，就居民生活水价的国际标准而言，根据世界银行的研究成果显示，家庭（个人）水费支出占家庭收入（人均收入）的 3% ～ 5%，而且是最具经济效率的，EECCA 国家将水费支出是否占家庭全部支出的 4% 作为一条判断最大可承受水平的标准。1995 年，国家建设部《城市缺水问题研究报告》中也认为：我国城市居民生活用水水费支出占家庭收入的合理水平为 2.5% ～ 3%。然而从表

7-3 和表 7-4 的数据可以看出，中国目前的最高水价都没有达到国际标准的下限，其中水费支出占人均可支配收入 2% 以上的城市只有湖北省十堰市，而超过一半的城市的水费收入比都低于 0.5%。此外，中国城镇居民家庭人均可支配收入年均增长 11.9%，这大大弥合了水价上涨带来的负面压力。同时，张军（2004）依据中国实际测算过用户可承受能力，其中居民生活用水支出占家庭总收入的 2%，与此对应，中国用户可接受的平均居民生活水价应为 7.8 元 / 吨。

中国 281 个地级市及直辖市人均水费支出与可支配收入（单位：元）　　表 7-3

城市名称	个人水费支出	人均可支配收入	城市名称	个人水费支出	人均可支配收入
北京市	217.5734	32903.03	菏泽市	83.80833	16658
天津市	178.2623	26920.86	滨州市	69.85429	22540
上海市	142.5481	36230.48	郑州市	59.23569	21612
重庆市	160.9153	20249.7	洛阳市	60.41062	20163
石家庄市	100.9738	20534	平顶山市	37.52683	18348
唐山市	100.9663	21785	安阳市	72.69812	18686
邯郸市	147.3105	19322	新乡市	88.81611	17988
邢台市	117.1149	16592	焦作市	49.48439	18005
保定市	99.46621	16912	许昌市	98.5814	17503
沧州市	65.77995	18375	三门峡市	44.98876	17062
廊坊市	139.4697	21991	商丘市	49.6791	16151
衡水市	82.79524	16506	南阳市	38.54512	17289
秦皇岛市	142.1173	19552	周口市	54.68535	14583
张家口市	64.26305	16401	开封市	37.3445	15558
承德市	156.6776	16638	鹤壁市	97.51692	17255
太原市	125.97	20149	濮阳市	137.4778	17228
长治市	153.9452	20131.06	漯河市	87.44076	16997
晋城市	54.00491	20127.28	信阳市	67.44526	15271
晋中市	68.36471	20195	驻马店市	71.07914	15795
忻州市	90.06316	17169	武汉市	185.6587	23738
临汾市	72	18924.09	鄂州市	204.8208	17008
运城市	106.5769	17346	黄石市	155.4514	17003
吕梁市	47.73913	17428	十堰市	309.1939	14172
大同市	111.4806	18915	荆州市	103.4656	14947

续表

城市名称	个人水费支出	人均可支配收入	城市名称	个人水费支出	人均可支配收入
阳泉市	169.0791	20253.38	宜昌市	112.6098	16451
朔州市	97.04785	20287	襄阳市	155.0742	15352
通辽市	43.2	16548	荆门市	157.7168	15526
呼伦贝尔市	86.63667	17142	孝感市	124.1494	15888
乌兰察布市	65.66	16314	黄冈市	143.3136	14731
呼和浩特市	44.39623	28877	咸宁市	81.719	14875
包头市	47.08752	29628	随州市	102.4259	15870
乌海市	383.432	22349	长沙市	222.5435	26451
赤峰市	71.10984	16416	株洲市	158.3857	22633
鄂尔多斯市	63.67957	29283	湘潭市	143.8731	20614
巴彦淖尔市	132	16368	衡阳市	154.8481	17866
沈阳市	93.34696	23326.2	邵阳市	128.5366	13584
大连市	103.9546	24276.16	岳阳市	309.7468	19680
鞍山市	56.74404	21297.11	益阳市	68.11019	17328
丹东市	40.35628	17123.38	常德市	113.0365	17567
锦州市	79.17716	20171	郴州市	86.22	17606
营口市	53.36341	20894	怀化市	114.911	13824
辽阳市	50.52782	19469.21	娄底市	230.4723	16892
铁岭市	68.87755	16203.39	永州市	43.0625	17193
葫芦岛市	117.8132	20159	张家界市	60.86009	14098
抚顺市	47.68235	18069	广州市	232.4629	34438.08
本溪市	40.15529	19752.32	韶关市	84.89192	20329
阜新市	91.79739	14994	江门市	107.4202	23924
盘锦市	168.6788	24266	湛江市	168.7955	17584
长春市	58.09237	20487.3	茂名市	142.818	16113.39
吉林市	55.13447	19560	肇庆市	103.0793	19040
四平市	41.89928	18483	梅州市	195.364	16761.06
通化市	46.0375	18904	汕尾市	118.5809	15751.37
白山市	48.86604	18483	阳江市	84.70923	16878.19
白城市	50.22	17814	清远市	98.25292	17668

续表

城市名称	个人水费支出	人均可支配收入	城市名称	个人水费支出	人均可支配收入
辽源市	26.83537	18757.39	揭阳市	65.67647	16879
松原市	139.4059	19227	云浮市	139.5	16090.48
哈尔滨市	126.1156	20031	深圳市	159.4681	36505.04
齐齐哈尔市	98.00539	15200	珠海市	167.0976	28731
鸡西市	131.1429	15263	汕头市	143.0648	17474
伊春市	89.85118	11681	佛山市	204.2366	30718
佳木斯市	153.0179	13924	惠州市	149.7244	26609
牡丹江市	96	14515	潮州市	171.4778	15664.31
鹤岗市	30.96732	13930	中山市	205.3783	27700
双鸭山市	50.26882	16166	东莞市	142.7043	39513
大庆市	159.6321	22500	河源市	138.2893	14737.01
七台河市	38.60535	16427	梧州市	94.98987	18531
无锡市	179.8668	31638	防城港市	74.23419	19722
徐州市	103.4594	19206	玉林市	115.648	19590
常州市	190.2148	29559	贵港市	63.00892	17017
苏州市	243.7416	34617	来宾市	89.34615	19233
南通市	191.2717	25094	崇左市	71.73731	17301
盐城市	108.9193	19414	河池市	191.6701	16448
扬州市	168.4122	22835	南宁市	246.4918	20005
镇江市	105.0376	26637	柳州市	174.1829	19615
泰州市	105.9808	23597	桂林市	191.9203	19882
南京市	191.7055	31100	北海市	139.7221	18656
连云港市	84.53173	18483	钦州市	118.2574	19563
淮安市	244.3661	18510	百色市	205.1618	17384
宿迁市	107.3584	14972	贺州市	140.8917	17606
杭州市	157.509	32434	海口市	193.4532	19730
宁波市	249.7126	34321	三亚市	232.5714	20472
温州市	188.5986	31749	成都市	311.1432	23048
嘉兴市	69.44631	31520	德阳市	168.6755	19371
绍兴市	83.78604	33273	绵阳市	159.0667	17998

续表

城市名称	个人水费支出	人均可支配收入	城市名称	个人水费支出	人均可支配收入
金华市	91.24195	29729	资阳市	147.1039	17853
衢州市	98.24274	24900	乐山市	98.69888	17644
台州市	146.4399	30490	南充市	74.39762	14798
丽水市	96.83533	23391	达州市	103.8543	14662
湖州市	78.03412	29367	广安市	63.18	17203
舟山市	127.1178	30496	自贡市	88.88563	16852
安庆市	78.04484	18005	攀枝花市	123.965	19735
阜阳市	103.1472	16686	泸州市	91.70078	17884
滁州市	64.63567	17918	广元市	98.94018	14635
宣城市	47.48076	17995	遂宁市	55.25316	16093
合肥市	127.7033	22459	内江市	71.14182	16602
芜湖市	86.48429	21011	宜宾市	120.3619	17753
蚌埠市	85.00567	18143.29	雅安市	65.05477	17326
淮南市	72.88261	18219	眉山市	190.0549	17038
马鞍山市	106.3842	27329.4	巴中市	67.82997	14609
淮北市	58.66434	17876	贵阳市	161.9706	19420.14
铜陵市	131.48	21825.39	遵义市	104.0082	17426
黄山市	57.25118	18669.02	六盘水市	88.13226	16371
亳州市	73.78378	18099.15	安顺市	73.02514	16300.38
宿州市	57.7433	17563	昆明市	132.886	21966
六安市	59.80645	17270	曲靖市	69.55656	18408
池州市	37.08772	19133.04	玉溪市	112.9555	18527
福州市	141.8952	26050	昭通市	77.11765	14073
三明市	137.712	20778	丽江市	189.8931	15812
泉州市	139.2154	28703	保山市	46.72437	16228
漳州市	160.484	21137	普洱市	77.66272	14877
南平市	125.6226	19735	临沧市	74	14159
龙岩市	79.80436	21085	拉萨市	111	17654
宁德市	105.9371	19314	咸阳市	95.18488	22224

续表

城市名称	个人水费支出	人均可支配收入	城市名称	个人水费支出	人均可支配收入
厦门市	126.3359	33565	渭南市	72.49191	18768
莆田市	108.202	21843	西安市	169.1836	25981
景德镇市	105.6447	18964	铜川市	60.83967	18775
九江市	87.80651	17911	宝鸡市	129.372	22337
鹰潭市	81.56456	17518	延安市	64.22813	21188
赣州市	33.29072	16058	汉中市	66.37742	17019
上饶市	60.95639	17698	榆林市	55.4009	20721
吉安市	53.98871	17692	商洛市	106.0825	17344
宜春市	95.93127	16431	安康市	58.01581	17365
南昌市	92.85446	20741	酒泉市	36.32432	17265.2
萍乡市	74.45608	18646	兰州市	149.9051	15953
新余市	85.96958	19719	嘉峪关市	50.45503	18931.3
抚州市	76.1531	16633	金昌市	129.6838	20074.41
济南市	139.605	28892	白银市	314.9206	15960
青岛市	95.81792	28567	天水市	62.59451	13051.05
枣庄市	68.30189	20193	武威市	45.51134	13261.04
烟台市	81.85689	26542	张掖市	66.625	12400
潍坊市	100.599	22508	平凉市	36.34432	13355
济宁市	50.38371	22406	庆阳市	44.51171	14388.13
泰安市	99.51724	22687	定西市	23.62338	12290
德州市	79.63344	19771	西宁市	120.801	15842
威海市	71.43223	25290	银川市	123.8835	19203
聊城市	105.5359	20649	吴忠市	36.52017	15753
淄博市	126.5218	24955	石嘴山市	84.61765	17928
东营市	64.69025	27343	固原市	27.52294	14879
临沂市	58.71166	24232	中卫市	12.48921	15866
莱芜市	97.00447	23509	乌鲁木齐市	92.64202	16141
日照市	60.29724	20098			

数据来源：中国统计年鉴2012。

中国 281 个地级及以上城市水费支出收入比城市分类　　表 7-4

水费 / 收入区间	城市名称	城市数量	比例
2% 以上	十堰市	1	0.36%
1.5% ～ 2%（含 2%）	岳阳市、乌海市、白银市	3	1.07%
1% ～ 1.5%（含 1.5%）	襄阳市、荆门市、潮州市、佳木斯市、眉山市、三亚市、河池市、梅州市、百色市、丽江市、鄂州市、南宁市、淮安市、成都市、娄底市	15	5.34%
0.5% ～ 1%（含 1%）	呼伦贝尔市、淄博市、聊城市、梧州市、泸州市、漯河市、普洱市、临沧市、忻州市、自贡市、张掖市、六盘水市、徐州市、肇庆市、福州市、昭通市、宁德市、咸宁市、清远市、景德镇市、乐山市、盐城市、惠州市、许昌市、鹤壁市、无锡市、合肥市、乌鲁木齐市、宝鸡市、珠海市、宜春市、葫芦岛市、保定市、大同市、玉林市、温州市、遵义市、铜陵市、钦州市、昆明市、玉溪市、商洛市、阜新市、运城市、南京市、阜阳市、太原市、攀枝花市、拉萨市、哈尔滨市、廊坊市、南平市、常德市、常州市、齐齐哈尔市、银川市、随州市、金昌市、西安市、北京市、牡丹江市、天津市、三明市、佛山市、广州市、广元市、宜宾市、宜昌市、荆州市、盘锦市、湘潭市、株洲市、苏州市、邢台市、达州市、大庆市、宿迁市、松原市、秦皇岛市、宁波市、扬州市、中山市、北海市、汕尾市、漳州市、南通市、邯郸市、西宁市、长治市、伊春市、孝感市、武汉市、重庆市、濮阳市、贺州市、巴彦淖尔市、汕头市、资阳市、怀化市、贵阳市、阳泉市、长沙市、鸡西市、衡阳市、云浮市、德阳市、绵阳市、茂名市、柳州市、黄石市、河源市、兰州市、承德市、邵阳市、湛江市、桂林市、黄冈市、海口市	118	41.99%
0.5% 以下（含 0.5%）	中卫市、辽源市、呼和浩特市、包头市、固原市、定西市、池州市、本溪市、平顶山市、赣州市、酒泉市、鄂尔多斯市、嘉兴市、鹤岗市、南阳市、济宁市、四平市、吴忠市、七台河市、丹东市、东营市、开封市、临沂市、通化市、永州市、绍兴市、营口市、辽阳市、通辽市、三门峡市、宣城市、抚顺市、白山市、湖州市、鞍山市、嘉峪关市、榆林市、晋城市、平凉市、吕梁市、郑州市、焦作市、吉林市、白城市、威海市、长春市、保山市、洛阳市、日照市、延安市、吉安市、黄山市、金华市、商丘市、烟台市、庆阳市、滨州市、双鸭山市、铜川市、淮北市、宿州市、安康市、青岛市、枣庄市、晋中市、武威市、遂宁市、上饶市、六安市、沧州市、滁州市、东莞市、广安市、贵港市、周口市、雅安市、厦门市、防城港市、曲靖市、龙岩市、临汾市、渭南市、安阳市、揭阳市、马鞍山市、汉中市、张家口市、锦州市、益阳市、上海市 、镇江市、衢州市、萍乡市、淮南市、沈阳市、乌兰察布市、德州市、亳州市、芜湖市、莱芜市、丽水市、崇左市、舟山市、韶关市、铁岭市、大连市、咸阳市、内江市、张家界市、赤峰市、安庆市、新余市、深圳市、泰安市、信阳市、潍坊市、南昌市、安顺市、江门市、泰州市、驻马店市、连云港市、抚州市、唐山市、巴中市、来宾市、鹰潭市、蚌埠市、石嘴山市、朔州市、天水市、台州市 济南市、泉州市、杭州市、郴州市、九江市 石家庄市、新乡市、莆田市、衡水市、阳江市、南充市、菏泽市	144	51.25%

资料来源：课题组根据公开数据整理。

（四）注意价格结构，科学调整自来水价

实行真实合理的水价，相当于完善供水行业的公众融资渠道，一方面有助于供水企业获得充盈的自有资金，另一方面将会减轻政府财政负担，同时也能带来节约用水、调节贫富等社会效益。上节分析可见在用户的可承受能力范围内，居民生活用水均价可提高至7.8元/吨，工业用水均价可提高至9.6元/吨，当然各地应根据实际情况，经济发达地区可以略高于该标准，经济落后地区可以略低于该标准。此外，水价上涨需要把握正确方向，其中自来水价格应该得到充分重视，水价的整体上涨需要保证自来水价格的同步上涨，水资源费与污水处理费等间接性供水资金应该为自来水价格留下上涨空间，保证水价收入直接补贴供水企业，减少水价收入分配中的无谓损失以及政府财政资金转化的行政损耗，最终有利于增加供水资金。

三、推动大型企业市场化融资

随着水务行业市场化进程的推进，已产生一些具有良好盈利水平以及较高专业能力的优良企业。该类水务企业依赖稳定的利润来源，已形成具有多渠道的较好融资能力。建议推动已形成较好融资能力的大型供水企业开展市场化融资，充分利用上市募资、发行债券等直接融资方式或银行贷款等间接融资方式，满足企业的投资需要。具体来说有三个方面：

一是发行债券所筹集的资金使用期限较长，不受债券投资人的干涉，债券利息还可以在税前支付并计入成本，具有“税盾”的优势。

二是发行股票上市融资。城镇供水企业也可以通过增发股票的方式进行融资，解决企业资金短缺的问题。

三是通过信托模式融资。当前，可以使用信托资产进行城镇供水企业基础设施建设，主要方式可以采用资金信托、融资租赁信托等。

四、使用股权融资，吸引社会资本

对于预期营利能力较强、政府投资补助后社会资金能够获取相应投资回报的供水建设项目，可采用合资公司的形式进行投资建设，通过地方政府的融资平台或社会企业招募资本金组建股份制公司，对项目进行建设和管理。地方政府融资平台可以通过供水工程占用的土地折价、财政资金以及其他资金入股投资。对于正在运行的营利能力强的供水项目，可以通过组建资本经营公司的形式进行股份制改造或者上市发行股票，以公募方式公开发行股票在资本市场再融资进行供水行业的投资。另外，对于营利能力强的供水项目，也可以通过资本市场减持国家持股比例，将所变现的资金用于供水新项目的投资。

五、加大银行融资对供水建设的支持力度

发达国家和地区的经验表明，在大规模供水基础设施建设阶段，政府一般会出台很多如长期优惠贷款、土地赠予、免税等优惠贷款政策，以较好地解决基础设施建设中的资金缺口问题。当前，我国相关政策性银行应该继续对供水管网更新改造项目进行优惠贷款外，除此外还应扩大优惠贷款的范围，在贷款利率、贷款额度、贷款期限等方面给予优惠，对准公益性和经营性供水工程投资要实施延长贷款期限、降低贷款利率等优惠政策。此外，还要积极利用国外政府和国际金融组织贷款，对于低息、长期的优惠国外贷款应更多地安

排用于供水项目的建设。积极探索公益性供水项目“收益权”质押贷款，扩大供水投融资渠道。同时，供水行业要进一步建立健全制度保障，落实项目法人责任制，提高经营管理水平和投资效益，完善信用结构，提高供水整体的信用等级，不断提升银行贷款对供水建设的支持力度。

要加强对供水改革发展的信贷支持和服务。积极发挥政策性金融机构作用，加大对战略性、基础性、公益性供水建设项目的支持力度。支持大型商业银行在财务可持续的前提下，改进对供水改革发展的金融支持。积极引导地方法人金融机构创新体制机制、结合现有优惠政策，加大供水信贷投入。改进和完善鼓励县域法人金融机构将新增存款一定比例用于当地贷款的考核办法，引导县域法人金融机构将更多资金用于城市供水建设。

第五节　开展政企合作，形成多元化、差异化投融资模式

目前，城镇供水行业的发展存在明显分化：既存在经营状况良好、获利稳定的大型水务集团，也存在经营不善、依赖政府扶持的供水企业；企业的经营差异与企业的规模并不完全挂钩，既有盈利良好的小型供水企业，也有持续亏损的大型水务集团。此外，水务企业的成长过程中也存在不同的投融资需要。因此，水务行业的投融资政策建议应该结合水务行业的发展现状，实行差异化政策建议，避免一刀切的同质化扶持。

一、鼓励大型供水企业践行 PPP 模式，开展异地水务投资

面对政府投资财力不足、供水企业厂网新建或改扩建投资金额大的客观现实，部分政府寄希望于 PPP 模式弥补当地城镇供水行业的投资缺口。但针对城镇供水行业投资资金量大、投资回收周期长、收益稳定、政策影响大等特点，私人资本在实际选择中可能更倾向于投资回收周期短、收益高的项目，城镇供水行业对私人资本的引资能力不足。此外，城镇供水行业专业化程度高、质量安全要求严格，对于缺乏城镇供水行业运营经验的私人资本，其经营能力受到质疑。从国际水务 PPP 模式的运作经验看，该模式的主要作用是企业经营绩效的改进，而非融资功能。

经营良好的大型供水企业具有丰富的城镇供水投资经验和专业的城镇供水运营能力，又具有较为顺畅的融资渠道，因而具备异地城镇供水投资的资金实力与经营能力，可以实现城镇供水集团与当地用户的双赢。但当前我国城镇供水企业主要为国有企业或国家控股的合资企业，因此 PPP 模式应不为“私人资本”的框架所限，鼓励大型供水企业积极开展异地城镇供水投资，整合城镇供水市场。

二、稳妥谨慎利用国际资本

近年来，我国的水务产业外资比重正在不断上升，外资水务企业对我国大中型供水企业的控制力已经明显增强，随着其股权控制率的上升，它们将拥有更大的话语权，外资对我国的水务产业安全的影响力正在不断上升，在一定程度上影响我国供水产业的生产与发展。

供水产业作为关系国计民生的支柱型产业，是与一国的居民生活质量密切联系着的，具有市政公用产业的属性，同时也是国有资产的重要组成部分。尽管随着市场化进程的推进，我国的市场在各方面都不同程度地向国际开放，外资进入供水产业也在一定程度上激发了

市场活力，为水务产业的高效运营与竞争机制的建立创造了机遇。但供水产业是基础设施产业，其准公共物品的特殊属性使得供水产业不能等同于其他的商业活动。因此，应该在保证供水安全的基础上，促进产业活力，提高产业效益，在保障我国水务产业安全的基础上，稳妥谨慎利用国际水务资本。

关于国际资本进入供水产业的安全性问题，从相关案例与数据分析也可以看出，供水产业的投融资方式，应当以政府和国企为主导，政府承担其相关的责任与义务，以保证国有资产的数量与质量，促进居民生活质量提高，在适当促进市场主体多元化的前提下，一定程度上控制外资进入的数量，保证内资占主导地位，提高外资的准入门槛，以确保供水产业作为国家基础型产业的安全与稳定。

三、鼓励引导民间资本进入供水行业

国家已经出台了鼓励民间资本进入供水行业的相关文件，比如《国务院关于鼓励和引导民间投资健康发展的若干意见》、住房和城乡建设部《关于进一步鼓励和引导民间资本进入市政公共事业领域的实施意见》，要严格落实这些文件。同时注意，在鼓励引导民营资本进入城镇供水行业时，坚持如下原则：

（1）坚持公平竞争、分类指导；

（2）创新民间资本进入城镇供水行业的途径和方式；

（3）营造公平竞争的制度环境；

（4）完善信息公开制度。

四、创新城镇供水行业投融资模式，明确各类模式的适用条件

当前，我国的城镇供水行业投融资模式还比较有限，我们应该结合我国国情、立足行业特点，在运用 BOT（build-operate-transfer）、TOT（transfer-operate-transfer）、PPP（public-private-partnership）、PFI（Private-Finance-Initiative）、ABS（Asset-backed-security）等模式的基础上，进一步创新操作程序和实施步骤，拓宽其他相关投融资渠道。目前我国城镇供水行业投融资工具主要如表 7-5 所示。

城镇供水行业投融资工具汇总表　　表 7-5

类型	案例	特点
BOT	成都市自来水六厂	1995 年国家首批 BOT 试点项目
	马钢（合肥）BOT 水厂	
	北京第十水厂	由地方政府运作的第一个 BOT 项目
	宿迁第二水厂	
TOT	昆明市清水海饮水工程城市供水项目	供水厂案例较少，以污水处理厂居多
	佳木斯供水公司 TOT 项目	
	牡丹江市自来水公司 TOT 项目	
	曲靖市供排水公司	
PPP	沈阳市第八水厂（失败）	案例较新，数量越来越多

续表

类型	案例	特点
PFI	暂无	在供水行业暂无 PFI 模式
ABS	暂无	国内使用较少
发行债券	济宁供水集团总公司	只能是国有企业或上市企业
发行股票	国中水务	通过增发股票等方式融资
地方债	暂无	政策法律不支持

资料来源：整理于网页新闻及相关文献。

表 7-6 是梳理现行的主要融资模式，并根据水务项目主体的责任、融资渠道、后续经营方式、产权特点和获益状况对主要投融资模式进行对比。

城镇供水行业投融资工具分析表 **表 7-6**

模式	内涵	机构	融资	建设	运营	拥有	获益
BOT	建设—经营—转让，是指政府通过契约授予私营企业（包括外国企业）以一定期限的特许专营权，许可其融资建设和经营特定的公用基础设施，并准许其通过向用户收取费用或出售产品以清偿贷款，回收投资并赚取利润；特许权期限届满时，基础设施无偿移交给政府	公共部门				√	项目所有权
		私人部门	√	√	√		运营收益
TOT	移交—经营—转让，是 BOT 模式的新发展，它是指政府部门或国有企业将建设好的项目一定期限的产权和经营权，有偿转让给投资人，由其进行运营管理；投资人在一个约定的时间内通过经营收回全部投资和得到合理回报，并在合约期满之后，再交回给政府部门或原单位的一种投融资方式	公共部门	√	√		√	转让收益
		私人部门			√	√（一定期限）	运营收益
ABS	资产证券化融资，即以项目所拥有的资产为基础，以项目资产可以带来的预期收益为保证，通过在资本市场发行债券来募集资金的一种项目融资方式	公共部门	√	√	√	√	资金
		私人部门	√				投资收益
作业外包	政府或政府性公司以签订外包合同方式，将某些作业性、辅助性工作委托给外部企业或个人去承担和完成，以期达到集中资源和注意力于自己的核心事务的目的	公共部门		√	√	√	私人部门的专业性
		私人部门			√		服务收益
委托运营	拥有水务设施所有权的政府部门通过签订委托运营合同，将设施的运营和维护工作交给民营机构完成；民营机构对设施的日常运营负责，但不承担资本性投资和风险	公共部门		√		√	私人部门的专业性
		私人部门			√		服务收益

续表

模式	内涵	机构	融资	建设	运营	拥有	获益
BT	建设—回购模式，是指民营机构与政府方签约后，设立项目公司以阶段性业主身份负责某项基础设施的融资、建设，并在完工后即交付给政府，从而享有在一定期限内分次收回回购款（包含设施建设成本及融资回报）的权利	公共部门			√	√	项目所有权
		私人部门	√	√			政府回购款（建设成本及融资回报）
BTO	民营机构为水务设施融资并负责其建设，完工后即将设施所有权（注意实体资产仍由民营机构占有）移交给政府方；随后政府方再授予该民营机构经营该设施的长期合同，使其通过向用户收费，收回投资并获得合理回报	公共部门				√	项目所有权
		私人部门	√	√	√		运营收益
ROT	政府部门将既有的水务设施移交给民营机构，由后者负责既有设施的运营管理以及扩建/改建项目的资金筹措、建设及其运营管理，当约定期限届满后，将全部设施无偿移交给政府部门	公共部门				√	改扩建后全部设施的所有权
		私人部门	√	√	√		运营收益
BOO	民营机构在政府授予的特许权下投资建设水务设施，拥有该设施的所有权并负责其经营，除非因严重违规等原因被政府收回特许经营权，否则民营机构将一直拥有并经营该设施	公共部门					公共服务
		私人部门	√	√	√	√	运营收益
股权/产权转让	政府将国有独资或国有控股的水务企业的部分产权/股权转让给民营机构，在水务企业建立和形成多元投资和有效公司治理结构，同时政府授予新合资公司特许权，许可其在一定范围和期限内经营特定业务	公共部门	√	√	√	√	资本、部分项目收益
		私人部门	√	√	√	√	部分项目收益
合资合作	政府方以水务企业的资产与民营机构（通常以现金方式出资）共同组建合资公司，负责原国有独资的水务企业的经营，政府授予新合资公司特许权，许可其在一定范围和期限内经营特定业务	公共部门	√	√	√	√	资本、部分项目收益
		私人部门	√	√	√	√	部分项目收益

由此可见，在城镇供水项目投融资选择中，应该结合各类项目的适用条件，选择适宜的投融资模式。具体各类投融资工具的适用条件如表 7-7 所列。

城镇供水行业投融资适用条件　　表 7-7

融资方式	适用条件
BOT	BOT 是适合具有非竞争性和价格排他性的准公共物品的融资方式，即有收费机制的新建设施，譬如水厂、污水处理厂等终端处理设施

续表

融资方式	适用条件
TOT	TOT 只涉及已建基础设施项目经营权的转让，不存在产权、股权的让渡，适合于有收费补偿机制的存量设施
ABS	ABS 模式由于能够以较低的资本成本筹集到期限较长、规模较大的项目建设资金，因此对于投资规模大、周期长、资金回报慢的水务设施项目来说是一种理想的融资方式
作业外包	适合于简单的辅助性工作或事务，例如自来水公司呼叫中心服务外包、水费账单寄发外包，自来水公司管道维修外包，水务监管部门对污水处理水质指标定期检测的外委，供排水工程的代建管理等
委托运营	适合于物理外围及责任边界比较容易划分，同时其运营管理需要专业化队伍和经验的水务设施，譬如污水处理厂
BT	适合于缺乏收入补偿机制的设施，譬如污水管网的建设投资
BTO	适合于有收费权的新建设施，譬如水厂、污水处理厂等终端处理设施
ROT	适合于需要扩建、改建的水务设施
BOO	适合于收益不高，需要给投资人提供更多财务激励的新建项目；同时，要求政府对这些设施的运营服务质量易于监管，且监管成本合理、稳妥可靠
股权 / 产权转让	适合于包含制水、输配、销售在内的全系统水务企业的战略投资人引进，特别是终端处理设施与管道网络合并运作的改制引资项目
合资合作	适合于为社会效益突出、经济效益不足的“准经营性项目”提供融资

第八章　完善城镇供水行业投融资的市场监管

市场化提升了供水行业的投融资绩效，但同时也对市场监管体系带来了新的挑战。尤其对于市场制度还不够完善的中国，全面放开市场必然要求建立完善的监管体系，以防范市场风险，保障供水行业的投融资安全。本章试对我国城镇供水行业的投融资监管进行深入的分析，通过描述我国供水行业投融资监管的现状，找出现行监管体制的问题，同时在借鉴英国、法国水务市场投融资监管的成功经验基础上，提出完善我国城镇供水行业投融资监管机制的政策性建议。

第一节　我国城镇供水行业投融资监管的现状

一、政府为主体的监管

目前我国供水行业的投融资监管以政府为主体[①]，遵照政府的组织体系，在中央、各省市和自治区相关政策法规的指导下，由各级政府及相关职能部门来执行投融资监管工作，具体表现为横向和纵向相结合的多层次、多部门监管，在结构上具有跨部门和中央地方分级管理的特征。就政府的横向结构而言，各职能部门相互合作，共同完成供水行业的投融资监管工作。

现阶段我国供水行业投融资监管的主要部门主要包括：负责项目审批的发改委，财务管理的财政部门，金融监管体系中的“一行三会”[②]等。具体监管部门和职能情况如表 8-1 所示。

供水行业投融资监管的主要部门及其职能　　表 8-1

监管部门	监管职能
发改委	投融资项目的规划和审批
财政部门	投融资项目审核与宏观财务管理
国资委	监督和管理资金的运营和绩效
“一行三会”	贷款、债券、股票等金融监管
水务行政部门	城市水务行业的综合督导
住建部门	水务控制与建设监理
审计部门	投融资平台资金运用的审核

资料来源：整理于各部委官方网站。

① 刘晓君 . 城市水务设施市场融资中若干问题的探讨 [J]. 环境科学动态，2005，02：37-39.

② 具体指中国人民银行、银监会、证监会、保监会。2018 年 3 月起，银监会和保监会合并为银保监会。

就政府的纵向层级而言，各级政府层层分解供水行业投融资的监管工作。在中央政府层面，国务院及其相关职能部门[①]在《水法》、《公司法》等法律框架下，通过制定一系列条例、办法、意见等，指导全国城镇供水行业的投融资监管工作，具体的政策性文件参见表8-2。在省级政府层面，省政府及各职能部门在中央文件精神的指导下，结合当地实情，制定具体的管理条例或实施办法[②]，落实中央政府的法规政策，指导本行政区内的投融资监管工作。最后，就具体的供水城市而言，各城市需要直接负责辖区范围内供水行业的投融资监管，因此在上级政府的实施办法指导下，它们具体展开投融资监管工作。

水务市场化过程中涉及投融资监管的政策文件（节选） **表8-2**

序号	年份	政策文件名称	主要解决的问题（涉及水务投融资监管方面）
1	2002年	建设部《关于加快市政公用行业市场化进程的意见》（建城[2002]272号）	水务市场化的开端
2	2003年	国务院《企业国有资产监督管理暂行条例》（国务院令第378号）	建立国有资产的监督管理体制
3	2003年	财政部《企业国有产权转让管理暂行办法》（财政部[2003]3号）	加强企业国有产权交易的监督管理
4	2004年	建设部《关于市政公用事业特许经营管理办法》（建设部令第126号）	管理特许经营权活动，规范水务市场化
5	2004年	发改委《外商投资项目核准暂行管理办法》（发改委令第22号）	外商资本进入水务市场的监管与审核
6	2004年	财政部《关于进一步完善转贷地方国债资金管理办法的通知》（财库[2004]1008号）	地方政府债券融资的监督管理
7	2005年	建设部《关于加强市政公用事业监管的意见》（建城[2005]154号）	规范水务市场准入，加强供水质量监管，强化水价成本监管等
8	2005年	水利部《关于转让水权的若干意见》（水政法[2005]11号）	规范水权融资，建立水权转让原则，限制水权转让范围，加强水权转让监管等
9	2006年	国资委财政部《关于企业国有产权转让有关事项的通知》国资发产权[2006]306号	规范水权融资，规定了国有产权的转让条件、转让价格以及外商受让等问题
10	2009年	央行银监会《关于进一步加强信贷结构调整促进国民经济平稳较快发展的指导意见》（银发[2009]92号）	地方融资平台贷款的兴起
11	2010年	国务院《关于加强地方政府融资平台公司管理有关问题的通知》（国发[2010]19号）	防范水务投融资平台的财政金融风险
12	2010年	财政部《关于贯彻国务院关于加强地方政府融资平台公司管理有关问题的通知相关事项的通知》（财预[2010]412号）	清理和规范地方水务投融资平台

① 主管部门为住建部、发改委、国资委、财政部、水利部以及“一行三会”，但其他部门也会产生影响，例如卫生部门、环境保护部门、物价部门、国土资源部门、质监部门等。

② 省级政策性文件太多，不在此一一列举。

续表

序号	年份	政策文件名称	主要解决的问题（涉及水务投融资监管方面）
13	2010 年	国家发改委《关于进一步规范地方政府投融资平台公司发行债券行为有关问题的通知》（发改办财金 [2010]2881 号）	规范水务投融资平台的债务风险管理
14	2010 年	国家发改委《城市供水定价成本监审办法（试行）》（发改价格（2010）2613 号）	规范水价专项，监控成本审核
15	2011 年	国家发改委《关于促进股权投资企业规范发展的通知》（发改办财金 [2011]2864 号）	加强水务市场中的股票融资监管，实行强制备案、强制披露等
16	2011 年	中国银监会《关于切实做好 2011 年地方政府融资平台贷款风险监管工作的通知》（银监发 [2011]34 号）	健全“名单制”管理系统，规范水务投融资平台的信贷管理
17	2012 年	中国银监会《关于加强 2012 年地方政府融资平台贷款风险监管的指导意见》（银监发 [2012]12 号）	深化水务投融资平台的监管，尤其对其退出的条件和程序作出严格的限制
18	2013 年	中国银监会《关于加强 2013 年地方政府融资平台贷款风险监管的指导意见》（银监发 [2012]10 号）	控制地方平台贷款总量，加强问责；平台贷款与债券持有审批的权限上收至总行

资料来源：整理于各部委官方网站。

二、建管不分和事前监管为主的监管过程

目前一些城市在水务融资方面存在重引入轻管理的情况，引入的投资者又常常因为追求短期利益，造成水务基础设施维护不足而造成迅速报废①。大多数城市管理体制中建设管理不分，建管一家，缺少对建成基础设施维护资金、维护手段和维护效果的重视，使对基础设施的维护或者因缺乏资金而难以进行，或者维护仅仅是走过场而无实际效果，都造成了基础设施服务能力和产出能力的迅速下降。另一方面，以各种方式参与基础设施运营的社会企业，出于迅速收回投资和利润最大化的考虑，常常使基础设施过度运行而不重视维护，或者想方设法降低维护水平和维护成本，造成相应建成基础设施使用寿命大大低于原有设计寿命。政府对此的监管也多停留在事前的监管环节，甚至事前监管也不到位，对这些问题没有很好应对办法。供水投融资的监管，应该是一个全过程的管理，不仅要有前监管为主，更要有事中和事后的动态监管。

三、偏离公共利益的监管实践

城镇供水行业投融资监管的目标应为防止因投资过多或过少造成价格波动，所以监管应以保障公共利益为基本原则。然而在实际操作层面，有的监管行为往往体现着部门利益、地方利益，损害到了基本公共利益和水务投融资的可持续性，造成了潜在的投资风险，这些情况都应予警惕和防范。

① 姬鹏程．我国城市水务投融资改革建议 [J]. 宏观经济管理，2005，09：30-32.

第二节　我国现行城镇供水行业投融资监管的问题

一、"泛市场化"影响下的政府管制缺位

现行投融资监管体制主要在于政府管制，而政府管制又面临着缺位的问题。在投融资监管过程中，现行体制倾向于事前监管，同时为了实现吸引资金的目标，这种监管常常陷入自我放松的境地。在体会到市场化的好处之后，政府将所有包袱统统甩给市场，进而在"泛市场化"的思想影响下造成有效监管的缺位。同时在"泛市场化"的深度影响之下，地方政府对自己的监管职能不太清晰。在推进城市水务市场化改革进程中，存在政府监管与市场化发展不同步的问题，具体表现在政府的职能界定不清，监管力度不够，并且监管内容存在漏洞。政府监管滞后使得水务产业新的业务没有及时纳入政府监管的范畴，在利益的驱使下，业务开展情况混乱，阻碍了水务市场化的推进，政府监管的缺失反而比传统的计划体制更不利于水务事业的发展。

二、"伪市场"结构下的监管困境

目前我国城镇供水行业投融资处于一个"伪市场"结构，即存在市场行为，但没有建立市场关系。从前文的现状描述中其实可以发现，现行的投融资更多在于资金的聚集过程，资金进入水务市场之后，并没有改变市场关系，在公共利益的旗帜下，供水市场中仍然坚持着原有的制度规则和惯例。威立雅水务集团的一位负责人告诉我们，威立雅资本进入兰州水务市场成立威立雅水务集团，但是公司的日常运行、对外供水行为、兰州水务整体状况依然没有发生质的改变，甚至说威立雅除了资本增值以外，没有获得任何收益。从此可以看出在聚钱为导向的现行投融资思想下，水务市场其实是一个"伪市场"结构，公司的内部治理、行业的自律行为都无法发生，从而失去了监管体系中最重要的中间内核，而且有效的政府管制体系和法律体系无法进入市场结构，发挥监管作用。

三、缺乏法律体系无力的监管

法律体系作为监管体系的最外围屏障也是监管作用的重要保障，然而目前我国现行监管体系中的法律体系非常缺乏。这突出表现在一方面是缺少专门规范城市基础设施民营化、市场化操作的普适性法律规范。另一方面，目前仍有部分在计划经济体制下制订的管理规范和标准在发挥作用。

第三节　我国现行城镇供水行业投融资监管制约因素分析

制度分析理论认为，参与主体之间的互动需要制度规范，而互动是在一定的属性条件下进行的，同时制度又是在一定的制度环境中发挥作用的，所以最终在这些因素的综合作用下产生了特定的制度绩效。[①] 因此制度与属性（包括人的属性与物的属性）、参与主体以

① 详细论述可参见《公共政策与制度分析译丛》。

及制度环境有关。有鉴于此，本小节采用制度分析框架对供水行业投融资领域的监管制进行因素分析，对制度绩效进行评价，即找到投融资监管过程中的风险分布点。

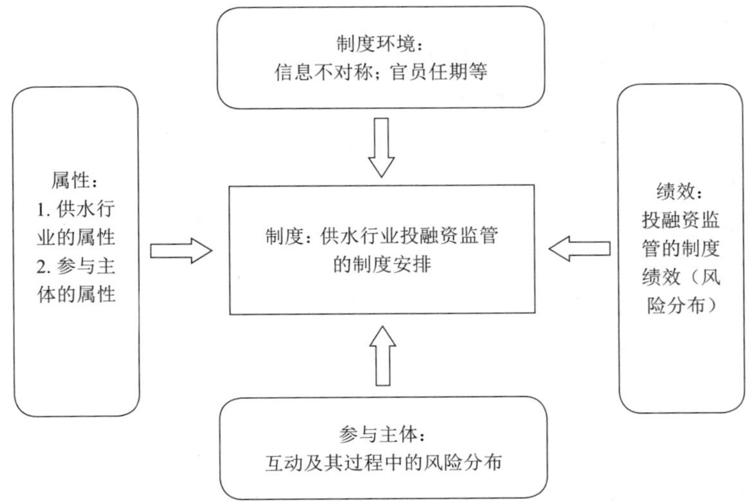

图 8-1　供水行业投融资监管机制的分析框架

一、供水行业及其投融资参与主体的属性

回顾城市发展的历史表明城市供水往往是城市兴起的必要前提条件，且供水行业具有明显的公共特性。同时从技术层面上看，供水管网的一次性固定投资，边际变动成本较小，这一方面使供水具有规模经济特性，另一方面增加了供水行业的资本密集性，同时也产生了很高的沉淀成本，造成供水行业的资产专用性。这些映射到市场结构中，塑造了供水行业的自然垄断性，竞争性供水反而损害经济绩效。正是因为城市供水行业的公共性、规模经济、资本密集性、资产专用性以及自然垄断性，这才使得供水成为我国乃至世界各国市场化最晚的领域之一。

传统模式的供水行业，投融资主体只有政府，市场化改革之后，参与主体中增加了水务投资人和水务公司。就正常经营而言，投资人对供水行业的投资，是为了寻求资本的投资报酬，投资报酬率成为投资人决定是否进入供水行业的关键因素。但也存在特殊情况，投资人还有可能掺杂其他战略动机，例如外资逐步进入我国水务，甚至不惜高溢价，就存在垄断控制的嫌疑。因此在投融资监管过程中，需要对投资人有充分的认识。同样，对政府的作用也需要理性认识。政府通常被认定为公共利益的代表，这忽视了政府经济理性的一面，正如布坎南所言："政府也是理性的组织，政府的选择无不表露她具有理性的一面[①]。"这也意味着政府在供水投融资领域一方面要肩负着公共利益维护的责任和使命，同时也带有部门理性的异化行为。最后，组建的水务公司是PPP模式的产物，其本质上是经营性的企业，回报股东的利润率是水务公司的行动指南，同时管理层的意志也需要得到充分的体现。

① 布坎南，塔洛克著，陈光金译．同意的计算：立宪民主的逻辑基础[M]. 北京：中国社会科学出版社，2000.

二、投融资监管制度的运行环境

水务投融资市场中的信息总是不对称的。在资本进入阶段，对政府而言是水务融资，对企业而言是水务投资，政府清楚了解水务资产的属性、结构、价值以及上级政府所允许的政策底线等，这些信息对竞标的企业而言存在壁垒。同理各个竞标企业也有信息优势，各竞标企业的投资存在多种目标，但政府并不清楚，因而无法分辨进入资本的真实意图，最终无法区分投资与投机。在资本运营环节，供水企业掌握着水质、水量、供水成本等方面的第一手信息，而政府与用户获取这些信息需要支付成本，从而扭曲供水企业的行为。执行投融资监管工作的官员也具有任期理性。中国的权力结构形成了自上而下层层委托代理关系，下级对上级负责，并接受上级的绩效考核，同时考核期存在各个阶段的任期。这将影响官员行为动机，以致官员在任期交界处理性被强化。这些时间边界点，往往就是投融资风险的频发区。

三、投融资过程中的风险分布

水务投融资中政府、投资人、水务公司的属性不同，行为动机也不同，同时在信息不对称和官员任期环境作用之下，投融资各个环节中自然会产生各种风险。基于“风险主体—风险点—风险路径”的分析思路，这里对供水行业投融资过程中的风险进行系统识别。我们认为投融资参与主体其实就是风险主体，而风险路径就是根据投融资环节，找出风险点，进而分析这些风险主体通过什么行为导致风险的最终产生。具体的风险分布见表 8-3。

水务投融资过程中的风险识别　　表 8-3

<table>
<tr><th>风险主体</th><th>风险点</th><th>风险路径</th></tr>
<tr><td rowspan="6">地方政府</td><td rowspan="4">政府融资环节
（融资角色）</td><td>举债借款</td></tr>
<tr><td>国有股转让</td></tr>
<tr><td>特许经营与托管</td></tr>
<tr><td>政府毁约</td></tr>
<tr><td rowspan="2">政府监管环节
（监管角色）</td><td>行政干预</td></tr>
<tr><td>政府收缩</td></tr>
<tr><td rowspan="3">投资人</td><td>自然环节</td><td>系统投资风险</td></tr>
<tr><td rowspan="2">竞标投资环节</td><td>投资羊群效应</td></tr>
<tr><td>水务投机</td></tr>
<tr><td rowspan="4">供水企业</td><td>自然环节</td><td>系统经营风险</td></tr>
<tr><td rowspan="3">经营决策环节</td><td>超利润投资决策</td></tr>
<tr><td>上市股（债）权融资</td></tr>
<tr><td>水产品定价</td></tr>
</table>

资料来源：对相关文献整理所得。

通过对供水行业投融资监管的因素分析，我们可以了解到供水行业的属性及投融资参与主体中政府、投资人、水务公司的行为动机，同时将投融资监管放入到信息不对称和官员理性的制度环境中，找出水务投融资过程中的风险分布。这也对投融资监管制度提出了要求，那就是一个的理想的投融资监管制度应该尽量规避这些风险。

第四节　我国城镇供水行业投融资监管机制的构建与完善

前文的理论分析告诉我们，理想的投融资监管体系应该尽量避免过程中的风险，这在英法监管模式的成功实践中也得到了证明。我国目前现行的水务投融资监管依然存在着问题，例如监管主体太过单一、监管力量不足等等。在此，中国需要建构强大的监管体系，应该将政府、市场、社会以及法律的力量整合到监管体系中，强化水务投融资监管，共同防御投融资过程中的风险。为此，可以做出以下的改进。

一、完善政府管制体系，弱化政府直接经营

政府管制作为市场的外部监督，发挥了重要的规范职能。对我国而言，政府监管更加赋予了特殊的意义。供水产业作为自然垄断的基础设施行业，（1）要实行严格的市场准入制，政府采取招标方式，择优选择经营企业。在面临着信息不对称情况下的逆向选择问题时，政府应该争取信息的多样化，充分论证，获得最优的招标企业，而不能以资金引进为根本目标，失去事前监管的重要意义。（2）强化市场运行的过程监管，在面临着信息不对称情况下的道德风险问题，政府应对原有企业在资产剥离后，实行严格的成本核算和价格监管制，水务基础设施的营运要实行全面的审计与日常财务监督制度，最终通过支出听证会制度来确定补贴或拨款额度。同时实行供水企业投资计划审核制度，就投融资计划的可行性、资金筹集渠道、资金收支平衡计划、项目开发建设受益等情况进行审核并提出指导意见，经供水企业批准后执行。（3）建立专项检查制度。除了落实企业日常监督工作外，还应该进行具有针对性的专项检查制度，就项目管理、资金使用、项目收益、债权债务、资金结余、收益上缴留成等情况开展专项检查。对于检查出来的问题要求企业建立反馈机制，限期整改。（4）建立市场退出机制。水务作为高资本密集型产业，市场主体的退出面临着资金的机会成本损失以及沉淀成本的无形损耗。政府通过国家认证，评定供水企业的退出门槛，并配套相关的利益分配调整制度，尽量减少投融资市场的大起大落。（5）针对城镇供水投融资过程中的风险情况，建议政府承担城镇供水水质监管责任，由财政拨付资金建立供水水质监测站及日常监测费用；建议严格市场准入机制，加强城镇供水项目招标环节中对招标企业的资质审核，鼓励大型水务企业的异地水务投资；建议加强对政府财政资金承担的城镇供水基础建设投资的审计力度，强化财政资金利用效率。

二、引入市场竞争机制，促进市场自律

市场经济中最核心也最直接的自律体系是市场主体的自我治理和在目标绩效下的自我约束，这些也构成最有效的治理结构。然而这种治理结构的建立的前提是成熟的市场，因此，（1）要培育市场，建构成熟的市场关系以成为完善市场内部自律体系的关键。对于水务之类经营性基础设施行业，政府在实行改革的同时要加强宏观调控和服务管理职能，制

定市场规则，增加市场透明度，减少市场发育初期与原有行政体制的摩擦，防止市场畸形发育。（2）要引入竞争。供水行业具有天然的垄断性，但这种垄断具有区域性[①]，因此政府有能力也有必要进入竞争。竞争带来效率，在竞争压力下，水务企业必须约束投融资行为，从而不被竞争者乃至潜在的竞争者所取代，同时投资人也会因市场竞争而减少投机行为。（3）要加强供水企业的内部控制制度。加强供水企业内部审计，并保持内部审计的独立性，同时建立补贴监督机制，严格区分政策性亏损与经营性亏损。（4）要完善供水企业的财务制度，实行透明化的财务报表制度，对供水企业的对外投融资以及合同签订做出最有效的信息披露，例如要求供水企业每季度向市政府投融资管理中心报送相关的财务及投融资报表等。

三、建立协商对话机制，引导社会力量参与监管

社会力量的加入将增强监管的力度。供水行业涉及用户的切身利益，投融资的绩效最终需要用户来评判，因此需要建立协商对话机制，使社会力量能够发出声音。具体做法可以培育独立的供水协会，减少政府的影响，同时这样的协会在规则体系下应成为供水企业的重要监管主体，还可以通过水务高峰论坛形式，搭建水务投融资的互动平台，减少交易成本，挖掘经济潜力，实现联合绩效。

四、积极完善法律框架，为监管提供法制基础

法律体系是水务市场投融资监管体系中的最外一环，也是最后的保障。市场经济本身就是法制经济，健全的法制能为市场发展营造一个良好的外部环境，规避风险，减少交易成本。因此在水务投融资监管过程中，坚持立法先行，重视法律的力量。首先，要不断完善立法，改变目前法律缺失的现状。应该结合水务领域和市政设施投融资领域，建成完整的法律法规。除此以外，将法律作用于市场关系中还需要执法环节的重要补充，需要加强执法监督力度，依法办事。一方面对供水企业的违规操作严厉打击，提高违法者的成本，做到执法必严；另一方面，政府监管行为的本身要在既定法律框架下进行，不得僭越权力的边界。

① 王雅莉，毕乐强．公共规制经济学 [M]. 北京：清华大学出版社，2005.

参考文献

[1] 巴曙松．地方政府投融资平台的发展及其风险评估 [J]. 今日财富：金融版，2009（9）：9-10.

[2] 白金燕．国外水务产业投融资经验及对我国的启示 [J]. 经济师，2011，01：99-100，102.

[3] 布坎南，塔洛克著，陈光金译．同意的计算：立宪民主的逻辑基础 [M]. 北京：中国社会科学出版社，2000.

[4] 布劳克兰等著．武勇，王建清等译．荷兰供水行业的公有私营模式 [M]. 北京：中国建筑工业版社，2008.

[5] 蔡国华，郭建民．县域金融市场的供给抑制分析 [J]. 经济师，2007（2）：20-21.

[6] 陈秋霞．BOT 风险探析 [J]. 经济论坛，1996（14）：16-18.

[7] 陈峥．公私部门合作中的风险分配：理想、现实与启示 [J]. 公共行政评论，2010.

[8] 刁春晖．日本大阪的城市供水系统 [J]. 城市公用事业 .2011，03.

[9] 杜红，杜英豪．美国水务行业所有制结构及其原因分析 [J]. 山西财经大学学报，2004，3.

[10] 冯燕．PPP 项目融资风险识别及量化研究 [D]. 重庆：重庆大学，2007.

[11] 胡波．香港的供水 [J]. 城镇供水 .2012，06.

[12] 黄全祥．地方政府投融资平台的运行方式与问题——以四川省绵阳市为例 [J]. 西南金融，2009（12）：36-38.

[13] 姬鹏程．我国城市水务投融资改革建议 [J]. 宏观经济管理，2005，09：30-32.

[14] 贾银萍．关注地方政府融资平台贷款风险 [J]. 银行家，2009（7）：26-28.

[15] 李百胜，戚蓝．国际 BOT 水电项目风险分析与评价 [J]. 水利发展研究，2002，2（7）：15-17.

[16] 李红梅．日本供水事业发展前景 [J]. 水利水电快报，2008，06.

[17] 李爽，韩伟．英国水务绩效管理经验研究 [J]. 城镇供水，2012，01：68-70.

[18] 林伊．城市供水行业大型企业绩效综合比较及排名 [J]. 给水排水动态，2007，01：21-24.

[19] 刘晓君．城市水务设施市场融资中若干问题的探讨 [J]. 环境科学动态，2005，02：37-39.

[20] 刘晓君．城市水务市场化改革调研 [J]. 中国水利，2004，11：9-16.

[21] 刘昕辉，唐春海．我国城市水业项目投融资的现状与展望 [J]. 中国科技信息，2010，19：140-141.

[22] 刘新平，王守清．试论 PPP 项目的风险分配原则和框架 [J]. 建筑经济，2006（2）：59-63.

[23] 刘铁，彭科．水务行业私人部门投资的博弈分析 [J]. 求索，2006，09：24-24，17.

[24] 龙俊平 .BOT 投资方式与组合融资建设方式在水务行业运用的综合比较分析 [D]. 重庆：重庆大学，2002.

[25] 罗刚．我国城市水务行业投资收益率研究 [D]. 成都：西南财经大学，2007.

[26] 吕松．私人部门投资城市水行业问题研究 [D]. 成都：西南财经大学，2005，04：22-27.

[27] 马云泽．我国自然垄断产业政府规制的现状及改革目标 [J]. 兰州学刊，2009，02：31-34.

[28] 平新乔，白洁．中国财政分权与地方公共品的供给 [J]. 财贸经济，2006（2）：49-55.

[29] 苏晓鹏，王兵，冯文丽．地方政府投融资平台风险预警与化解对策 [J]. 农村金融研究，2009（12）：29-32.

[30] 孙开．公共支出管理 [M]. 大连：东北财经大学出版社，2009.

[31] 谈昌莉，朱勤．南水北调中线工程供水成本和水价分析 [J]. 水利水电快报，1998（9）：19-22.

[32] 王雅莉，毕乐强．公共规制经济学 [M]. 北京：清华大学出版社，2005 年．

[33] 王园园．法国的水产业模式可供欧盟其他成员国借鉴 [EB/OL].[2001-11]. http：//www.hwcc.com.cn

[34] 许志云．水利工程供水成本计算初步探讨 [J]. 水利经济，1986（3）：21-28.

[35] 赵芸淇．城市基础设施建设融资方式探析 [D]. 经济体制改革 .2013，04：59

[36] 中国华禹水务产业投资基金筹备组编著．中国城市水务改革发展研究报告——水务产业投资基金与城市水务未来 [M]. 北京：中国环境科学出版社，2007.

[37] 中华人民共和国国务院．中华人民共和国国民经济和社会发展第十二个五年规划纲要 [R].2011.

[38] 周飞舟．锦标赛体制 [J]. 社会学研究，2009（3）：54-77.

[39] 周国川．费改税：实现水资源保护制对水资源费征收制度的替代 [J]. 水利经济，2006，04.

[40] Bernard Barraque. Small Communes，Centralization，and Delegation to Private Companies：The French Experience，Journal of Comparative Social Welfare，2007，23：2，121-130.

[41] Bernard Barraque. The Three Ages of Engineering for the Water Industry [C].Stanford-France STS Conference，2003，4.

[42] D. Grey，C. W. Sadoff. Sink or Swim？ Water security for growth and development/ Water Policy 9（2007）545–571 http：//doi：10.2166/wp.2007.021.

[43] D. Grimsey & M. K. Lewis，Public Private Partnerships：The Worldwide Revolution in Infrastructure Provision and Project Finance[M].Edward Elgar Publishing，2004.

[44] D. Parker. Efficiency incentives for a regulated monopoly：some evidence from Welsh Water Industry [J]. Economic Journal，2002，08：27-52.

[45] David Hall，Emanuele Lobina. The past，present and future of finance for investment in water systems[R]，2010.

[46] E.Dijkgraaf，Jong，R. de，Mortel，E. G. van de，Nentjes，A.，Varkevisser，M.，and Wiersma，D.，Mogelijkheden tot Marktwerking in de Nederlandse Water Sector，The Hague：Ministry of Economic Affairs，1997.

[47] Elnaboulsi J. C. Organization，Management and Delegation in the French Water Industry[J]. Annals of Public and Cooperative Economics，April，2001，507-547.

[48] Environmental Protection Agency（EPA）. The Drinking Water State Revolving Fund Program Financing America's Drinking Water from the Source to the Tap Report to Congress [R]，May，2003.

[49] Infrastructure Africa. Africa's Infrastructure http：//www.infrastructureafrica.org/aicd/system/files/AIATT_Consolidated_smaller.pdf.

[50] Isabel Chatterton，Olga Susana Puerto. Estimation of infrastructure investment needs in the south Asia region http：//www1.fidic.org/resources/representation/statistics/invest-needs-asiaInf_Investment_Needs_IC_version4.pdf.

[51] Kate Foss-Mollan. Hard Water：Politics and Water Supply in Milwaukee，1870-1995. Purdue

University Press，2001.

[52] M.V. Melosi，The Sanitary City：Urban Infrastructure in America from the Colonial Times to the Present. The John Hopkins University Press，2000.

[53] OECD. Financing strategies for water and environmental infrastructure[R]，2003.

[54] OECD. Financing water supply and sanitation in EECCA countries and progress in achieving the water-related millennium development goals（MDGs）[R]，2007.

[55] OECD. Strategic Financial Planning for Water Supply and Sanitation[R]，2009.

[56] Oxera. The Capital Structure of Water Companies[R].11 Oct，2002. https：//www.oxera.com/publications/the-capital-structure-of-water-companies/.

[57] Patricia Clarke Annez. Urban Infrastructure Finance From Private Operators：What Have We Learned From Recent Experience？ World Bank Policy Research Working Paper 4045，November，2006.

[58] Timothy Irwin，Government Guarantees：Allocating and Valuing Risk in Privately Financed Infrastructure Projects[M]. World Bank Publications，2007.

[59] Valerie A. Dickie. Costs and Structure of Technology in the British Water Industry[J]. Journal of Transport Economics and Policy，2004，04：82-97.

[60] World Bank. World Development Report 1994：Infrastructure for Development，p.115. New York：Oxford University Press，1994.

致　　谢

在本课题的研究过程中，中国人民大学公共管理学院研究生曾祥坤、赵晓丹、王思睿、邹驰、付佳、常春、徐达松、张城彬、孙中谱、殷玉敏、赵子夫等同学都提供了大力帮助，作者在此一并表示感谢。